O Tarô Sagrado dos
ORIXÁS

ZOLRAK
Ilustrado por DURKON

O Tarô Sagrado dos
ORIXÁS

Tradução
ZOLRAK e DURKON

PENSAMENTO/LLEWELLYN
São Paulo

Título original: *The Tarot of the Orishas*.

Copyright © 1994 e 2013 Zolrak & Durkon.

Copyright da edição brasileira © 2018 Editora Pensamento-Cultrix Ltda.

2ª edição 2018 – Essa edição possui capa e embalagem novas, mas o conteúdo do livro se mantém inalterado.

3ª reimpressão 2022.

Publicado originalmente por Llewellyn Publications.

Todos os direitos reservados. Nenhuma parte deste livro pode ser reproduzida ou usada de qualquer forma ou por qualquer meio, eletrônico ou mecânico, inclusive fotocópias, gravações ou sistema de armazenamento em banco de dados, sem permissão por escrito, exceto nos casos de trechos curtos citados em resenhas críticas ou artigos de revistas.

Dados Internacionais de Catalogação na Publicação (CIP)
(Câmara Brasileira do Livro, SP, Brasil)

Zolrak
    O tarô sagrado dos orixás / Zolrak ; tradução Zolrak e Durkon ; ilustração Durkon. -- 2. ed. -- São Paulo : Editora Pensamento ; Woodbury, Minnesota, EUA : Llewellyn, 2018.

    Título original: The tarot of the orishas.
    Bibliografia.
    ISBN 978-85-315-2002-0

    1. Orixás 2. Tarô I. Título.

18-13075   CDD-133.32424

Índices para catálogo sistemático:

1. Tarô dos orixás : Artes divinatórias : Ciências ocultas 133.32424

Direitos de tradução para a língua portuguesa adquiridos com exclusividade pela
EDITORA PENSAMENTO-CULTRIX LTDA.
Rua Dr. Mário Vicente, 368 – 04270-000 – São Paulo, SP – Fone: (11) 2066-9000
E-mail: atendimento@editorapensamento.com.br
http://www.editorapensamento.com.br
que se reserva a propriedade literária desta tradução.
Foi feito o depósito legal.

Como Descobrir um Admirável Caminho para o Reino do Espírito

Eis aqui, finalmente, um baralho de Tarô que representa a fusão do pensamento mágico da antiga África com o Catolicismo, que resultou nas religiões do Candomblé e da *Santería*. Os 13 deuses Orixás, ou Orishás, apresentados aqui, correspondem a forças naturais específicas, a qualidades humanas, e são, com freqüência, identificados com santos da Igreja Católica. Por exemplo, o Deus Guerreiro, Ogum, é o destruidor do mal, identificado com São Jorge — ele simboliza a luta humana pela perfeição, a esperança da civilização. Oxum, como deusa dos rios, simboliza o amor, o casamento e a alegria de viver. A indestrutível energia dos Orixás combina com muitos outros símbolos arquetípicos neste baralho de Tarô para ajudá-lo a entrar em contato com um reino espiritual que somente os símbolos são capazes de descrever.

Estas cartas foram criadas por um iniciado e sacerdote do Candomblé para serem usadas para adivinhação, magia ou meditação. Para essa finalidade, este livro descreve quatro métodos diferentes de "deitar as cartas" a fim de obter respostas para as suas perguntas e oferecer para a sua vida diária lições que vão além do mundo material, chegando à essência de todas as coisas: o espírito.

Deus: para mim não é importante
O nome pelo qual és invocado.
Sei que estás aí,
Em algum lugar recôndito do espaço,
E isso já é suficiente para mim.

— Zolrak

Dedicatória

A minha Mãe, que, com a sabedoria inata das mães, sempre me entendeu e me confortou durante esta longa e árdua jornada...
A Vitória, minha sobrinha espiritual, esperando que venha a conhecer um mundo melhor.
A meus amigos: Daniel, Ester, Laura, Lisandro, Eddie, Mariaca e Mercedes.
E, acima de tudo, ao Pai Oxalá e a todos os outros Santos ou Orixás.
A todos os meus mestres espirituais, ao meu Anjo da Guarda, com sua licença, permissão e ajuda, sem o que nada disto seria possível.
Obrigado.

À memória de Mãe Menininha do Gantois.

Agradecimentos

Sou profundamente grato ao meu ilustrador, Sr. Durkon, o artista que foi capaz de captar a alma e o espírito de tudo o que eu queria comunicar. Ele foi capaz de expressar por meio de sua arte e talento tudo o que surgiu da minha imaginação, bem como tudo o que surgiu na forma de ensinamentos sobre diferentes assuntos.

Seus dotes artísticos e seu sentimento para minhas histórias tornaram possível que as imagens revelassem toda a informação necessária.

Apelei para a sua vocação, para a "centelha divina" que todo artista tem de ter. Supliquei, implorei e muitas vezes exigi (que imprudência!) exatidão nos traços, nas sombras e nas linhas, e seu altruísmo e humildade muitas vezes permitiam que eu desenhasse um esquema e cooperasse nos contornos.

Depois de longas discussões, em que ele tentava responder às perguntas razoáveis e nas quais eu explicava o que desejava em seus desenhos (como, onde, com que componentes e nestas ou naquelas circunstâncias), a resposta que eu obtinha sempre era positiva, rápida e extremamente inteligente... E quando o trabalho ficou completo, os resultados foram verdadeiramente "mágicos". Penso que os Orixás os queriam desta ou daquela maneira, uma vez que não acredito em coincidências, porém, de preferência, em causalidade. Por isso, sustento essa opinião.

Para Durkon, graduado pela National School of Fine Arts, um desenhista de publicidade e artes gráficas, pintor e escultor, um artista que domina quase todas as ramificações das belas-artes, não posso dizer nada senão "Obrigado"... por ter entendido minha mensagem e por me ter ajudado a divulgá-la.

E se alguém disse certa vez que a arte aproxima as pessoas, eis aí a demonstração disso e do esforço despendido.

Possa Deus, Olorum, inspirá-lo em sua jornada através desta e de outras vidas.

Sumário

Prefácio 13
Prefácio II 15
Introdução 17
Eu Sou Um 33
O Porquê dos Números 35
Comparação com o Tarô Tradicional 39
As Cartas 43
   Cartas Principais 45
      Elegbara 47
      Exu 49
      Pomba-Gira 53
      Ogum 55
      Iansã ou Oiá 58
      Xangô 61
      Omulu — Xapanã — Babaluaiê 64
      Obá 67
      Oxumaré 70
      Oxum 73
      Iemanjá 76
      Oxalá ou Obatalá 80
      O Babalorixá 84
      O Anjo Custódio 87
      O Casal 89
      O Homem 91
      A Aldeia 93
      A Terra 95
      O Sol 97
      A Lua 99
      O Expulso 101
      Iku 103
      O Karma 106
      O Diabo 108
      O Prisioneiro Escravizado 110

Cartas Secundárias	113
Água	115
Terra	129
Fogo	144
Ar	158
Elementais	173
Como Energizar o seu Baralho	187
As Jogadas de Cartas de Zolrak	191
Jogadas de Zolrak	192
Jogada de Paxoró	192
Jogada da Cruz Ansata	194
Jogada das Pirâmides de Gisé	194
Jogada do Sétimo Chakra	199
Métodos Conhecidos e Utilizados pelos Cartomantes	201
Método Celta	201
Método das 12 Casas Astrológicas	202
A Causalidade Fundamental do Conhecimento	207
Orações para os Elementos	212
A Magia	215
Umbanda	220
Atributos de Oran-Niyan	224
Confissões de um Ateu	226
Epílogo	228
Glossário	230
Bibliografia	240
Agradecimentos Especiais	241
Sobre o Autor	244

Prefácio

O conteúdo deste livro é baseado nos estudos sérios do professor Zolrak sobre Parapsicologia, Teologia, Geologia, e assim por diante. Ele pôs toda a sua sabedoria em temas como a origem da vida genética e os estudos dos genes do DNA e do RNA, que são a fonte do código genético. Suas considerações foram aceitas por cientistas importantes nesse campo, desde o pioneiro dr. Severo Ochoa até os pesquisadores em atividade durante os últimos anos. Esta publicação merece as boas-vindas de muitos profissionais — psicólogos, geólogos, parapsicólogos e físicos — como um instrumento com o qual formar uma opinião, visto que abarca muitos e variados fatos do cotidiano.

Em nome desses profissionais, agradeço ao autor pela publicação deste livro.

— Dr. Nicolas Cosentino
Clínico Geral,
Sexólogo, Celuloterapeuta e Ginecologista

Prefácio II

Este livro é dedicado tanto aos que já adotaram uma posição quanto aos principais assuntos filosóficos relativos à humanidade e suas origens, quanto aos outros que ainda não estão familiarizados com eles, mas que sentem necessidade ou desejo de aprender algo. Ao mesmo tempo, expressa um ponto de vista individual sobre a integração de uma pessoa na sociedade.

As opiniões aqui afirmadas representam uma rejeição à intolerância e um respeito pela diversidade humana. Através da história, a humanidade habitualmente resistiu a esta posição ética e filosófica — rejeitando e, ainda pior, aleijando a capacidade de raciocínio dos seus semelhantes.

O professor Zolrak divulga uma teoria com suporte científico, que basicamente afirma que todas as religiões e teorias filosóficas do Oriente e do Ocidente se concentram em reduzir ou eliminar a angústia dos medos ancestrais, da morte, do destino, etc., mostrando que, no final, o objetivo de tudo isto é acabar com a lancinante dor existencial.

A afirmação do professor — de que a existência está em outro lugar — opõe-se a pontos de vista fortemente defendidos e representa um desafio ao leitor.

Os pensamentos livres e responsáveis que ele expõe derivam do seu próprio talento e experiência. Um estudo acurado da humanidade como um todo é obtido a partir de temas como a antropologia social, a filosofia, o folclore e a psicologia.

Um dos caminhos que o autor escolheu para tentar entender as complexidades do comportamento humano é através do pensamento de grandes filósofos como Sócrates e Platão. Ser libertado da prisão — representada por Platão na alegoria da caverna — é ser elevado das profundezas da nossa ignorância que, paradoxalmente, não desejamos, visto que parece ser menos arriscada e menos comprometedora do que a corrida impetuosa pelas curvas complexas do conhecimento.

Isto é inerente à criatura humana confrontada com a novidade ou a mudança; apesar disso, é importante dar-nos permissão de ouvir e pensar além das sombras da nossa própria caverna interior, que acreditamos conhecer. Tudo isto, que eu pessoalmente aprecio, deve ser enfatizado, visto que, além do fato de concordarmos ou não com o livro, ele certamente deve levar-nos à busca do conhecimento.

O professor Zolrak propõe uma teoria com base nos profundos pensamentos filosóficos e um estudo da psicologia humana.

Ele é capaz de transmitir claramente a idéia de que a humanidade não é dividida em compartimentos à prova d'água como se sua mente, corpo e mundo exterior não estivessem inter-relacionados; ao contrário, sua visão é a de uma totalidade, e embora manifestações sintomáticas possam ser encontradas numa dessas três áreas, todas as três estão dinamicamente entrelaçadas.

Entre os símbolos incluídos no texto, podemos encontrar aqueles que correspondem à personalidade de cada indivíduo. Eles se baseiam na teoria científica de Carl Jung de que a psique humana contém remanescentes arcaicos da nossa evolução e que esta herança é feita de arquétipos e do inconsciente coletivo.

Segundo Jung, os arquétipos sempre são universais, morando no inconsciente coletivo, herdado por todo indivíduo. Eles não são apenas imagens, mas núcleos de força e de energia, que podem adotar diferentes formas simbólicas e vir ao limiar da consciência.

Em resumo, considero que o autor deste livro se detém profundamente nos assuntos que são fundamentais para os seres humanos, tais como a filosofia, a parapsicologia, a psicologia profunda e a antropologia social, que lhe permitem dar uma interpretação científica a fim de entender os problemas individuais e sociais e estudar a personalidade de cada indivíduo.

Patricia A. Yacovone
Licenciada em Psicologia, 1986
Universidad Argentina John F. Kennedy

INTRODUÇÃO

Este baralho de cartas é um compêndio de conhecimentos. Cada carta, além de ter um significado, contém uma lição para a nossa vida cotidiana que vai além do mundo material e alcança a essência de todas as coisas, "o espírito", e, através do espírito, o único Ser Supremo: Deus.

A estas cartas foram incorporadas informações da numerologia, da astrologia, e de outras disciplinas complementares, e os que já estiverem familiarizados com essas técnicas acharão mais fácil entender seu significado. Estou convencido de que todos os que buscam o auto-aperfeiçoamento, a verdade e a justiça sem transgredir a liberdade dos seus semelhantes — mesmo que estejam enganados na sua abordagem ou interpretação —, deixam à humanidade a possibilidade de não continuar a repetir sempre os mesmos erros. Podemos manter o que é positivo, o que vale a pena, independentemente de cultura ou crença. Penso que podemos aprender mesmo com uma pessoa ignorante. Cada um de nós tem de fazer a sua própria jornada interior, e esta é a única possibilidade que temos de uma reunião no final.

Quero trazer a África, com seus mistérios e mitos, para mais perto de nós, e também quero levar a humanidade para mais perto da Natureza, que nada mais é do que a criação de Deus.

Alguns leitores adotarão estas cartas como algo novo, diferente de tudo o que já viram antes, e deixarão que elas lhes revelem toda a sua simbologia; outros as rejeitarão devido ao medo do desconhecido, por não compreender que, ao fazer isso e não sendo capazes de superar seu medo, podem estar fechando os olhos a verdades reais e palpáveis.

Este livro deve atrair o interesse dos que estão interessados em fenômenos paranormais, bem como dos folcloristas, psicólogos, filósofos, antropólogos e estudiosos e pesquisadores de culturas afro-americanas.

E para os crentes, simpatizantes, iniciados, participantes, chefes de terreiro,* Pais ou Mães de Santo, povo da *Santería*** e Babalaôs,*** estas cartas irão fornecer uma outra técnica de prever a sorte que torna desnecessário recorrer ao Tarô ou às

---

* Sede para as cerimônias e rituais (nome usado no Brasil).
** Sacerdotes e crentes da *Santería*. Portanto, para os praticantes de cultos afro-americanos, seja qual for sua linha ou nação de influência, porque pertencem ao Povo Iorubá.
*** Um sacerdote de alta hierarquia.

Cartas Espanholas (para aqueles que não receberam seu jogo de búzios,* mesa Ifá ou Dilogum — para os quais são necessários vários anos de treinamento e estudo), porque terão, finalmente, um baralho de cartas que representa o pensamento mágico de nossos ancestrais africanos. Eles ainda precisarão pedir a proteção dos Santos ou Orixás antes de cada consulta, mas também terão à mão uma amálgama de todas as técnicas precedentes para uma melhor compreensão das perguntas cujas respostas lhes são solicitadas.

E, finalmente, os iniciantes nestas artes encontrarão um mundo novo e excitante e descobrirão que, como diz o velho ditado, "todos os caminhos levam a Roma". Em épocas diversas a humanidade mostrou respeito por certas energias (veja tabela de paralelos), e através delas buscou o bem-estar comum, muito embora em cada um desses períodos o nome dado a essas energias possa ter sido diferente.

Agora, perto do final do século XX, tendo sido celebrado o 500º aniversário do descobrimento da América, chegou a hora de uma nova descoberta: a descoberta do conhecimento remoto, embora não perdido no tempo, conhecimento tão velho quanto a humanidade e tão real e eficaz quanto o primeiro raio de sol que criou a vida neste planeta. Esta e outras razões me levaram a criar estas cartas e a escrever este livro que, acima de qualquer outra consideração, expressa um desejo de fraternidade que, espero, representará um contribuição para o nosso bem-estar espiritual. Quinhentos anos se passaram, durante os quais este continente ficou mais velho e mais maduro, dando passos gigantescos para se equiparar aos países do Velho Mundo.

A América é a América, com suas virtudes e defeitos, que são exclusivamente seus a despeito de ter recebido gerações seguidas de pessoas vindas praticamente de todas as partes do mundo, com suas próprias crenças e ideais. Este Novo Mundo, como um solo fértil, abrigou-as e permitiu que crescessem em liberdade.

O homem branco veio a descobrir um Mundo Novo depois de pesar seus medos, fantasias, apreensões e escrúpulos e, tendo-os superado, apressou-se a conquistar? descobrir? pregar o Evangelho?

Na verdade, o "povo primitivo" resistiu a ele e tentou conservar seu próprio modo de viver. Hoje, desses "índios", como eram chamados, restam apenas umas poucas reservas por toda a América, representando seu direito de manter uma minúscula porção da terra dos seus ancestrais. Outros desapareceram com a passagem do tempo.

Mas, acaso, eram tão primitivos assim? Na área do Tucume, uma aldeia ao norte do Peru, ao longo do Vale Lambayeque, encontraram-se muitas pirâmides. As obras de arte produzidas pelo Chibchas na Colômbia indicam um nível avançado de desenvolvimento social e cultural. Portanto, podemos afirmar que essas grandes civilizações tinham sua própria cultura altamente desenvolvida, como a dos Astecas

---

* Um sistema de consulta e adivinhação de origem africana, que usa conchas do mar (caracóis, búzios), em geral trazidas da costa ocidental da África, através das quais os Orixás respondem às perguntas feitas e dão conselho e orientação aos crentes. O nome científico deste molusco é *Cyprea moneta*. Uma parte importante do ritual é a confecção de diferentes objetos, guias, colares, ornamentos, leques, etc., com essas conchas.

no México, dos Incas no Peru, dos Maias na Guatemala e no Yucatán, dos Chibchas na Colômbia, e da civilização que construiu as misteriosas figuras de pedra na Ilha de Páscoa. Cada uma delas tinha sua própria cultura, um sistema de classes sociais isoladas. Eram extremamente instruídas em ervas medicinais e plantas alucinógenas, que muito bem poderiam ser usadas hoje em dia pela medicina tradicional como anestésicos eficazes e inócuos. (Infelizmente, esses povos levaram esses segredos consigo para o túmulo.) Essas culturas que povoaram o continente americano talvez descendam de outras culturas mais adiantadas, como sugerem muitos cientistas, parapsicólogos, arqueólogos, antropólogos e outras autoridades no assunto. Alguns deles consideram que uma dessas culturas mais adiantadas foi a da Atlântida. O estranho é que não foi só Platão que falou da Atlântida; também outros povos, independentemente, concordaram com o fato de ter ocorrido uma catástrofe na Atlântida, entre eles os hebreus, os sumérios e os assírios. E nada podemos dizer sobre Platão, Aristóteles e seus discípulos que também não seja visto nas obras dos hebreus (tais como a Cabala, a Numerologia — embora alguns achem que este conhecimento era mais velho do que os judeus e era de origem egípcia — o Velho Testamento e o Talmude). Assim sendo, com esses antecedentes, talvez as culturas do Novo Mundo não fossem afinal tão primitivas.

Isso é história, são dados, uma realidade que não podemos ignorar ou deixar de reconhecer. Ao contrário, ajuda-nos a entender a nossa época moderna e nos permite ter um vislumbre do futuro.

> Havia um grande, civilizado Velho Mundo; de repente, descobriu-se um Novo Mundo, a maior e mais surpreendente descoberta registrada nos anais da humanidade...
>
> — C. Lunis

E, como disse Vásquez de Mella: "O povo abraça a morte no mesmo dia em que se divorcia de sua história."

Foi cientificamente comprovado que esta Terra e o sistema solar têm entre cinco e seis bilhões de anos de idade. Isto não é uma adivinhação, mas o resultado da comparação da carta de urânio/chumbo: o isótopo do urânio 238 revelou essas figuras quando usado nas rochas mais antigas e em meteoritos que têm essencialmente a mesma composição da Terra, transforma quimicamente o metal em chumbo. Por causa de sua alta radioatividade, estimou-se que o urânio desaparecerá da terra em alguns milhões de anos.

Trata-se apenas de uma coincidência, ou de uma conseqüência de algo mais, o fato de o urânio ser o metal que corresponde a Aquário e o fato de a famosa e festejada "Era de Aquário" (que ainda não alcançamos, embora alguns achem que sim) envolver uma mudança no pensamento humano a ponto de não existirem mais as barreiras de raça, crença religiosa ou fronteiras geográficas? Tudo isto parece ser inatingível nesta "Era das Comunicações", embora a cibernética e a ciência como um todo forneçam amplas vias de comunicação, porque certas pessoas parecem querer eliminá-las.

Sabe-se que a Terra passou a existir através da condensação de uma nuvem cósmica, que continha hidrogênio e poeira espacial, pelo superaquecimento da massa e, subseqüentemente, pela formação das diferentes massas de terra.

> Radiações solares e descargas elétricas extremamente violentas provocaram reações químicas nos oceanos, dando origem às primeiras moléculas de vida.
>
> — "Las ciencias prohibidas",
> *Ediciones Quorum*, Madri, 1987

Isto equivale a dizer que as moléculas químicas se organizaram e reagiram, e talvez a primeira proteína se juntasse ao primeiro ácido nucléico, para juntos produzirem o primeiro ser vivo. Em 1959, Severo Ochoa, físico e farmacêutico espanhol, recebeu o Prêmio Nobel por suas descobertas relativas à síntese biológica dos ácidos ribonucléico e desoxirribonucléico.

Mas temos de manter em mente que:

> Não é absolutamente óbvia a afirmação de que o mundo é regido por leis físicas, nem é óbvio afirmar-se que, no futuro, essas leis continuarão a manter seu controle. Na verdade, é uma hipótese perfeitamente válida que algum dia, devido a um acidente, a natureza possa mudar suas leis e a ciência ficar sem outra opção a não ser a de falir. De acordo com a afirmação de Kant, a ciência coloca o princípio da causalidade entre as categorias *a priori*, sem as quais não é possível nenhum conhecimento.
>
> — *Initiation à la physique*, Max Planck
> (Flammarion, 1941)

Atualmente, quase todas as teorias e doutrinas filosóficas e científicas concordam que o *Big Bang* foi o início da matéria, que a ação de Deus foi semelhante à de um detonador de um ponto muito pequeno, mas que, apesar disso, continha todos os tijolos para a construção do universo.

Possa a Era de Aquário, como diz a famosa ópera-rock *Hair*, "deixar o sol brilhar". Possa um raio de luz divina ou da consciência cósmica universal penetrar em cada um de nós, para que possamos compreender que a humanidade sempre buscou o Supremo Realizador de todas as coisas. Buscamos reverenciá-lo de várias maneiras, mas sempre com uma única finalidade real: transcender. Alguns desejaram esta transcendência porque acreditavam num paraíso eterno ou temiam um inferno devastador. Outros pensam que o verdadeiro inferno consiste nas provas por que têm de passar nesta terra. Alguns acreditam que, além da morte física, o Espírito (que, todos concordam, é eterno) se reencarnará quantas vezes forem necessárias para expiar ou reparar os pecados, limpar a si mesmo e, assim, alcançar diferentes mundos e dimensões. O objetivo final para todos nós é chegar ao Todo-Poderoso e fundir-se numa única e mesma essência.

> Pergunto a mim mesmo: o que é inferno? — E insisto que é a tortura de ser incapaz de amar.
>
> — F. Dostoiévski

África: Continente Mãe

Possivelmente a África foi o berço do primeiro homem e da primeira mulher, ou, em outras palavras, da humanidade. Digo "possivelmente", porque meu raciocínio científico sempre deixa a porta aberta ao questionamento e a outras hipóteses. "Nunca diga nunca, ou dessa água nunca beberei."

O que antes era ficção científica tornou-se nos dias de hoje uma realidade indubitável; por exemplo, viajamos para a lua em foguetes e naves espaciais, atravessamos oceanos em submarinos e viajamos pelos céus em aviões. Estes e outros desenvolvimentos foram imaginados pelo talento, criatividade e imaginação de grandes inteligências. Muitas dessas pessoas foram consideradas visionárias, paranormais, profetas, clarividentes ou verdadeiros gênios. Elas previram o futuro e muitas vezes lançaram os alicerces sobre os quais seus sucessores basearam seu trabalho. Entre elas devemos mencionar Júlio Verne, o famoso escritor francês nascido em Nantes em 1828, que, dando asas à "imaginação" produziu obras como *Vinte Mil Léguas Submarinas, Cinco Semanas num Balão* e *Viagem ao Centro da Terra*. Também houve Leonardo Da Vinci, com seus famosos modelos de aeroplanos, os desenhos do que mais tarde conheceríamos como pára-quedas, e assim por diante.

Mas, voltando ao assunto, trabalhando na Universidade de Nova York, Severo Ochoa começou a determinar o modo como os ácidos nucléicos se juntavam com os fosfatos. Esse foi o começo... e um ano depois Arturo Kornberg, um antigo aluno dele, sintetizou o DNA. O ano de 1960 chegou com novidades sobre o RNA artificial, e em 1961, bioquímicos importantes como Nirenberg e Matthaei foram capazes de descobrir o código genético. Tudo isto sempre teve como base o trabalho de Ochoa.

Mas a vantagem de tudo isso é que, desde 1960, alguns cientistas (entre eles Allan Wilson) afirmaram, com base no DNA dos mitocôndrios, que a história da raça humana começou no continente africano.

Anos depois, seus discípulos fizeram os testes adequados e confirmaram essa teoria, convencidos de que nossa primeira mãe viveu na África do Sul há aproximadamente 200.000 anos.

Não foi só isso; o biólogo francês Gerard Lucotte, em sua introdução à *L'Anthropologie Moleculaire* (Paris: Ed. Lavoisier, 1990), desenvolveu o assunto um pouco mais ao afirmar, desta vez com base no cromossomo, que Adão era negro.

Qual é o motivo, portanto, da existência de diferentes raças, cores de pele e traços faciais?

Bem, é fácil deduzir que a pigmentação da pele responde à necessidade de proteção contra o sol forte na África, e que em lugares onde ela não é necessária, a cor da pele fica mais clara. E quanto ao resto, devemos ter em mente que somos o que comemos ou bebemos, e que esta é a razão para as mutações ocorridas durante o tempo.

Também sabemos que as pesquisas antropológicas desenvolvidas pelos cientistas em diferentes áreas da África estão aumentando de número e de profundidade. O objetivo dessas atividades é chegar ao fundo dos mistérios ainda ocultos ali.

Remanescentes de fósseis descobertos nessas áreas podem revelar o elo perdido entre a raça humana e seus progenitores semelhantes aos macacos, e ajudar a resolver a questão da nossa origem.

Portanto, o estudo das rochas, do solo, dos processos químicos, da temperatura, da pressão e de outras coisas como essas podem nos dar uma indicação quanto à origem e à diversidade da raça humana. Sabemos que a litosfera é feita de camadas que podem ser separadas uma da outra, e também acrescentar componentes à crosta do continente.

Assim sendo, o continente pode ter-se separado e ter-se juntado algumas vezes. Isto confirmaria a teoria "da deriva dos continentes" de Alfred Wegener, baseada na noção de que a África e a América do Sul se encaixam perfeitamente e que, nesses continentes, foram encontrados remanescentes de fósseis comuns a ambos.

Wegener publicou sua teoria em 1912 (em termos numerológicos: 1 + 9 + 1 + 2 = 13) e obteve apoio no mundo todo em 1960 (1 + 9 + 6 + 0 = 16, ou seja 1 + 6 = 7), mas ele morreu em 1930 (1 + 9 + 3 + 0 = 13). Estes números, tão importantes para os eventos com os quais estão relacionados, dão total de 33 (13 + 7 + 13 = 33), o número-mestre por excelência (veja *O Significado dos Números*, pp. 3-7).

Atualmente, as rochas da superfície da África estão se movendo, e há uma fenda de 4.000 km que vai do sul da Etiópia até o norte de Moçambique.

Os Orixás ou Orishás

O que são os Orixás, também chamados de Orishás ou Orichás?

Nós os chamamos de Santos em nossas línguas ocidentais, mas uma tradução mais exata do termo Iorubá seria "Ser Sobrenatural", "Ser Sobre-humano", alguém mais elevado, sagrado, poderoso, além da Terra. As raízes dos Orixás se perderam no tempo. Poderíamos dizer que a humanidade pré-histórica já os adorava, talvez sem conhecer o fato. Esse culto pode não ter sido realizado de uma forma conveniente ou adequada, mas a humanidade tinha um conhecimento instintivo dos seres sobrenaturais simplesmente como meio de sobrevivência.

O Orixá é pura energia, energia destacada de uma energia ainda maior que criou todas as coisas; o Orixá é a energia de Deus ou a Sua criação na Terra. Sendo assim, por exemplo, Iemanjá é o Orixá da água salgada, do mar, e é a energia ou força vital deste elemento na natureza. Quando um "filho" ou "filha" de Santo é possuído pela energia do seu Santo ou Orixá, uma milionésima parte dessa energia penetra nele ou nela. É por isso que dois médiuns podem incorporar o mesmo Orixá no mesmo lugar e ao mesmo tempo. Isso acontece unicamente porque recebem uma porção minúscula de energia e, mesmo que todas as pessoas do mundo pudessem incorporar seus diferentes Santos pessoais ao mesmo tempo, a energia de Deus é inexaurível. Ele é o grande Criador sem ter sido criado.

Nós temos os nossos Santos protetores, ou os nossos líderes guardiães, Anjos da Guarda ou líderes espirituais. Estamos conectados com eles, vibrando em uníssono quando nossos pensamentos são limpos. Nossa composição física inclui partículas espirituais que pertencem a algum determinado Orixá.

Conforme o seu estágio de desenvolvimento espiritual, é-lhe destinado um Guia que imprime suas marcas em sua natureza e personalidade e que muitas vezes lhe dá um arquétipo físico com certos traços fisionômicos e corporais.

Para os africanos, Deus é Olorum, onipresente, onipotente e onisciente, e ele não tem imagens. Os sacerdotes o têm como um Santo ou Orixá (lembre-se de que os Orixás são todos o efeito de uma grande causa: Deus). Ele não tem templos, uma vez que está presente em todos os templos, em todos os sacerdotes, no devoto e no crente; e porque Ele é energia pura, carece de um formato definido.

Seu representante na Terra é Oxalá ou Obatalá, que reina ou governa sobre todos os outros Orixás e sobre o planeta Terra.

Deus, o início, o meio e o fim.

— Platão

Os Orixás se instalam em certas pedras, que são ansiosamente procuradas no leito dos rios. Algumas vezes eles se instalam antes de atingir as margens, no mar, ou no alto de alguma montanha, onde a energia flui porque a Natureza faz isso acontecer espontaneamente.

Essas pedras variam de cor e de forma, e também de tamanho, dependendo do Santo ou Orixá que vai se instalar nela.

Essas pedras são chamadas de *Otá* ou *Otanes*. São sagradas, não porque sejam os próprios Orixás, mas porque nelas está o meio ou conexão pela qual a energia se concentra ali. São como receptoras das forças vivas e latentes de cada um dos elementos naturais. Segundo o pensamento Iorubá, tudo é pedra, tudo é fundamento, e nas pedras está a firmeza, a estabilidade e a certeza.

Porém, nem todas as pedras são as escolhidas, mesmo que tenham o formato, o tamanho e a cor desejada. Para essa finalidade, elas têm de estar vivas; ou seja, têm de ter aquela vibração peculiar que dá a sensação de que esta ou aquela Otá não é de todo inerte, que naquela condensação de matéria algo mais existe. Do mesmo modo, a pedra tem de se relacionar conosco, e o inverso tem de ser verdade também; em outras palavras, seu espírito tem de estar relacionado com o nosso.

O Santeiro ou Santeira (sacerdote, sacerdotisa) sendo um especialista nessas artes, coloca a pedra em suas mãos abertas e sente se a pedra pode tornar-se uma Otá. (As mãos contêm um centro energético — que muitas vezes é ignorado, exceto para a "imposição das mãos".) Ao mesmo tempo, entretanto, o Santeiro ou Santeira tem de consultar os búzios para determinar se a pedra será aceita pelos Orixás em geral, e em seguida descobrir se o Santo para o qual a pedra é destinada pretende aceitá-la, ou se prefere outra para enraizar sua energia. Se a pedra for aceita, é alvo de tratamentos especiais. É colocada em pratos ou tigelas de sopa ou em louça de barro colorida, tudo feito sob os auspícios do Orixá que se acomodará na pedra.

A pedra é cercada com os atributos próprios, implementos do Orixá e objetos simbólicos, de modo que os Santos possam trabalhar e agir por meio dela no que se refere às diferentes áreas e assuntos com os quais se irá lidar.

A cor das terrinas de sopa deve ser a favorita do Santo e, em geral, elas têm de ter gravações com o símbolo apropriado; por exemplo, estrelas do mar ou peixes para Iemanjá, ou corações e flores amarelas para Oxum.

Cosmologia

Os Iorubás eram capazes de perceber muitas coisas que o nosso planeta está mostrando para nós e que não somos capazes de ver. Eles podiam facilmente observar que o mundo está vivo, que tem movimento, e que tudo nele está relacionado. Eles entendiam as influências entre as coisas, e para eles estava claro que nada escapa a uma Inteligência Superior, que nós procedemos dela e que algum dia voltaremos a ela.

Eles reconheceram na Natureza sua excelente Mãe e aprenderam a amá-La e a respeitá-La. Eles sabiam que, sem esse amor e respeito, os erros e falhas aconteceriam no Consenso Energético Geral. Isto provocaria todo tipo de desastres, não só para a vida neste planeta mas também para toda vida em toda parte, vida que está toda interligada. Em seu pensamento religioso e místico, prevalecia a atitude de que tudo é energia, de que o espírito universal é semelhante a ela e que ela é encontrada em toda parte.

O antigo povo Iorubá também tinha uma Concepção Tripartida, uma idéia que para nós se assemelharia à da Santíssima Trindade. Eles acreditavam num princípio universal, intocável, inalcançável, quase impossível de conceber por causa do seu grande poder e presença, abraçando todas as coisas, capaz de fundir todas elas em si mesmo. Chamavam esta energia de Olodumaré (o Princípio dos Princípios) gerado por três partes, essências ou energias isoladas, que recebiam os nomes de Nzame, Baba Nkwa e Olofi.

Este princípio criou o Universo e tudo o que nele existe — mas era necessário haver uma certa forma de existência formada da mesma matéria que governaria o planeta Terra. Tomando essa mesma densidade de energia, eles criaram o primeiro homem e lhe deram liberdade, inteligência e perfeição física. Eles o chamaram de Omo Oba. Orgulhando-se dos seus próprios atributos, o homem perdeu sua luz espiritual e parou de vibrar na mesma intensidade da Fonte Criadora. A partir desse momento, portanto, ele viveu no interior da Terra (veja a carta O Diabo).

Todos os Santeiros costumam relatar a mesma história, e pode-se perceber em suas vozes como seus conceitos culturais foram penetrados por essas idéias. Quando uma idéia era comunicada e um grande segredo era revelado, suas vozes se tornavam mais lentas e mais graves, com a seriedade que o assunto exigia. Sua maneira de falar fazia todos estes conceitos se tornarem mais verossímeis e confiáveis.

Quanto mais ouço falar nisso (e deixando de lado a fé), tanto mais estou convencido de que tudo é como eles dizem: há um Deus supremo, tendo três raios de Seu próprio germe ou fonte, um Ser sem nenhuma forma definida, embora podendo adotar a forma que Ele quiser, porque Ele representa todas as formas concentradas em Uma. E, além disso, Ele é energia pura ampliando e iluminando continuamente na imensidão infinita.

Várias mitologias de diferentes culturas têm como base uma Trindade, uma Concepção Tripartida do Cosmos. Por exemplo, os escandinavos dividem o mundo em três partes diferentes. Os antigos egípcios, por sua vez, refletiam-na em Osíris, Ísis e Hórus. A Trimúrti (Trindade) Hindu ou Brâmica era representada como Brahma, Vishnu e Siva, e assim por diante.

Todos eles acreditavam em dois Mundos inter-relacionados. A única forma do Um único é manifestada no mundo inferior, por causa de nossas concepções limitadas, de forma diferenciada; no entanto, na realidade, só resta o Um único.

Cada um desses Mundos, ou ambas as partes do todo, é fortemente ativa, e eles são conectados num ponto ou linha média que serve como meio de interação entre eles.

Em termos africanos, esses dois Mundos ou Reinos são o *Ayê* e o *Orum*. O *Ayê* é onde moram as coisas vivas; trata-se do mais concreto, material, real ou palpável dos dois. O *Orum* é o Mundo das coisas invisíveis, intangíveis e das abstrações. Aí se congregam todas as energias espirituais, os Orixás, os espíritos desencarnados dos antepassados e os espíritos primários.

Esses dois Reinos, que representam o Cosmos e coexistem ao mesmo tempo, não podem separar seus objetivos e propósitos e geralmente são simbolizados pela forma de uma cabaça. Essa esfera tinha dois hemisférios cujos extremos e partes mais próximas se relacionavam intrinsecamente.

Os Iorubás acreditavam no equilíbrio espiritual e material. Eles acreditavam que até mesmo a matéria mais densa contém elementos espirituais.

Como foi mencionado acima, uma linha ou ponto de intersecção divide e ao mesmo tempo une os Reinos, e essa zona foi chamada de *Orita Meta*. Os Mundos estão conectados e ao mesmo tempo diferenciados, sem nenhum tipo de confusão.

Essas pessoas também acreditavam na reencarnação como a lei universal que cumpre a lei do karma.

A Esfera Cósmica (como uma demonstração de que muitas linhas têm de ser usadas para formar uma imagem) tem um número interminável de linhas cruzando-se como uma rede altamente complexa do sistema nervoso.

Orum, o outro mundo, é regido por Olodumaré, também chamado Eleda, Olorum, Odumaré ou Eleemi, Criador de tudo. Ele fornece energia para todos os seres vivos, insuflando a força de tudo o que existe e regendo todo o Cosmos desde o Hemisfério Superior.

O Reino Sagrado intervém no mundo terrestre ou humano. No outro Mundo estão os deuses do panteão Iorubá; os Ara-Orum (com seus ancestrais Osi, Oku, Orum, Babanla e Iyanla); e também Oro, Egbe, Ajogun e Iwin (espíritos primários vinculados à vida).

Eles acreditavam em dois tipos de Orixás: os Orixás Funfun (também chamados de Orixás do mel), que eram "frios" e calmos, com uma personalidade tranqüila, e os Orixás Gbigbona, "quentes", temperamentais. A maioria destes últimos eram do sexo masculino.

No Mundo Iorubá, nenhum Orixá era mais importante do que qualquer outro. Eles adotavam culturas particulares e eram regidos por regiões e ligas. Algumas vezes eram substituídos por outros, mais cordatos para responder aos pedidos, de modo a satisfazer seus adoradores, aumentando sua reputação e fama por todas as áreas adotadas.

Ayê, o Mundo das coisas vivas, é ligado a *Orum*, por algumas vezes receber dos Mundos Eterno e Superior toda sorte de comunicação possível. Os ancestrais são capazes de se comunicar com os vivos através de homens que usam as chamadas máscaras Egungun.

Também existe Ifá (Arunmila), que através de sua tabela permite a comunicação entre os homens e os Orixás. Portanto, Elegba é um elo entre a humanidade e os Santos ou Orixás.

No *Ayê*, há Reis, Sacerdotes, Iniciados, e assim por diante, que têm o conhecimento e modelam o Alawo Alase e o território ou porção do Ologberi desconhecido (o povo de outros países e terras, os estrangeiros, etc.).

Quem Respeita os Orixás Respeita a Natureza

Podemos afirmar isso com base nas considerações acima sobre os Santos e os Orixás.

Mas o que acontece com o homem que não compreende que, destruindo a Natureza, está destruindo a si mesmo? Porque o próprio homem é a Natureza, porque todos os nossos componentes fazem parte da Natureza, ficamos doentes quando há um desequilíbrio energético (quer o chamemos de falta de vitaminas e minerais ou lhe demos outro nome qualquer). É por isso, portanto, que quando ele altera ou danifica o ambiente, a Natureza adoece. Ele estimula a situação que os espiritualistas chamam de mau karma. Todos nós sofremos seus efeitos, de um ou de outro modo, visto que todos fazemos parte dele.

Desde o início, nos afastamos da nossa essência mais profunda. Vivemos em selvas "civilizadas" de concreto onde não existe o respeito pelos nossos semelhantes — ou, em outras palavras, não temos respeito inerente por nós mesmos.

Atualmente, as pessoas estão computadorizadas e rotuladas. Se tentarmos nos afastar dessa situação, sofremos o ataque dos que não perdem tempo em nos considerar desatualizados.

Quantas noites por ano você olha para o céu?

Cuidado com respostas rápidas, porque olhar não significa observar, dar-se um tempo para refletir — em síntese, para pensar. Se as ocasiões foram muitas, não haverá hesitação na resposta quando lhe perguntarem sobre a fase ou condição da lua, se era lua cheia, minguante e assim por diante.

A maioria das respostas são do tipo: "Ah!... eu não sei. A verdade é que não notei. Deixei de verificar a fase nos jornais." Essa informação costuma aparecer no jornal da manhã, e assim por diante, o que mostra uma desatenção total ou falta de interesse. E esse é o resultado do nosso desapego, da nossa indiferença pela Natureza como um todo: a chuva, o sol, as plantas, os animais — resumindo, por todas as coisas e seres que contribuem para o prazer da existência na Terra.

Mas essa falta de interesse não é tão importante quanto as ameaças à estabilidade ecológica representada pela ação de alguns indivíduos que esquecem que cada um de nós dá uma contribuição direta ou indireta a essa estabilidade. Ao mesmo tempo, é assim simples e complexo, como um mecanismo perfeito onde nada é deixado por conta do acaso.

Há uma aceleração da tendência rumo à destruição da vida natural e, portanto, como conseqüência, para a destruição da humanidade.

Não sou fatalista. Não acredito no fim do mundo. Não quero acreditar nisso, recuso-me a acreditar, talvez por causa do meu grande amor à vida, mas indubitavelmente existe essa tendência. Isto não significa que será bem-sucedida, porque confio numa lei superior à do ser humano: a Lei de Deus.

Uma vez que sou universalista, tento respeitar a todos e a tudo; tento tirar de todas as coisas o que possa ser útil, deixando o resto de lado. A partir da minha humilde posição ou papel, eu canto a vida. Peço a Jesus de Nazaré, a Oxalá ou Obatalá, a Jeová, ao Senhor do Bonfim, à Nossa Virgem das Graças ou a qualquer nome que possamos dar a Deus, que por favor ilumine a mente dos homens para que possam tornar-se sábios e viver pacificamente.

Antes da publicação deste meu primeiro livro, já aconteceu no Brasil, mais precisamente no Rio de Janeiro, a ECO 92 ou "Reunião de Cúpula da Terra", onde todos sem exceção discutiram essa idéia. Vamos nos tornar todos irmãos e irmãs e elevar nosso pensamento ao Criador para que esses elevados ideais possam ser atingidos.

De um artigo publicado no jornal argentino *Clarín*, 1992, tirei o seguinte:

> 1992 será um dos mais quentes anos da história devido às mudanças provocadas pela poluição atmosférica. Esta foi a previsão do especialista nigeriano, Sr. Godwin Obasi, Secretário da Organização Meteorológica Mundial, que nos fez lembrar que os seis anos mais quentes desde que se fizeram registros aconteceram na última década, o que aumenta a preocupação dos especialistas no que se refere ao aquecimento global ou efeito estufa.

Acho que não são necessários outros comentários. Vocês concordam?

> A responsabilidade do homem não é só para consigo mesmo mas para com toda a humanidade.
>
> — Jean-Paul Sartre

Sincretismo

Devido ao fato de a escravidão ser comum nas Américas, os homens e mulheres de cor foram forçados a adorar seus Santos em segredo e tomando grande cuidado.

Quando chegaram da África, trouxeram com eles uma grande tristeza e o conhecimento de que eram tratados e transportados como animais. Os navios negreiros levavam reis e homens comuns, "médicos naturalistas" e sacerdotes, que eram retirados do seu próprio país à força e sem piedade, por motivos materiais.

Eles eram molestados e forçados a aceitar uma fé que não entendiam, enquanto sentiam cada vez mais a falta dos seus Orixás. Eles adquiriam força pensando nesses Orixás e esperavam resgatar seus valores como grupo étnico. A despeito das proibições impostas pelos seus escravizadores, eles continuaram venerando seus Orixás escondendo-os por trás das imagens dos Santos da Igreja Católica romana, ou em prateleiras abaixo delas, escondidas pelos panos bordados do altar.

Assim sendo, eles compararam a força guerreira de Ogum com São Jorge ou Santo Antônio, a suavidade da Virgem Maria com Naná Burucu, etc., até que foram capazes de traçar um verdadeiro paralelo entre sua fé, suas concepções e a crença dos homens brancos.

Mas o homem branco não estava satisfeito apenas com o uso do povo negro como seus escravos; ele tirou-lhes a dignidade como seres humanos, esquecendo-se de que a alma não tem cor nem sexo. (Esses fatores dependem do corpo que o espírito habita.) Eles também esqueceram que, num concílio reunido durante o reino de Justiniano (482-565 d.C.), discutiu-se se o povo negro também descendia de Adão e Eva e se tinha ou não direito de abraçar a fé cristã. Eles também não deram atenção ao que Santo Agostinho (354-430 d.C.) afirmara, com muita razão e convincentemente no livro *A Cidade de Deus*, que todos os homens são iguais e têm a mesma origem, apesar da cor diferente da pele. Santo Agostinho afirmou que nenhum de seus seguidores devia esquecer esses conceitos ou pô-los em dúvida.

Então aconteceu que, com o passar do tempo, nasceu o sincretismo a partir de dois conceitos religiosos diferentes mas que apontavam para a mesma direção, e que, subseqüentemente, se fundiram num único conceito.

Muitos africanistas são contrários ao sincretismo, e também há cristãos que ficam perturbados com essa assimilação.

Eu não considero o sincretismo uma teoria enganosa ou ilógica porque, como vimos, no início, tratou-se de uma necessidade, e agora todos esses valores estão integrados e fazem parte do mecanismo da fé. Acredito que se trata de uma forma de raciocínio universal comparativo. O sincretismo forma uma nova fé, semelhante, se não igual à original, e cria um meio de aceitação. É enriquecedor porque inclui novos ingredientes e componentes socioculturais. Ele se adapta aos costumes de uma nova terra e de uma nova idade, contribuindo para a confraternização das culturas.

A escravidão deixou uma marca negra e suja na história da humanidade. A submissão forçada de uma pessoa à outra, como se este ser humano fosse uma coisa, é a mais execrável conduta humana. O escravo não só era considerado um objeto que podia ser comerciado, mas algo que também podia ser emprestado, vendido, alugado ou trocado como qualquer outro bem.

Os escravos não eram donos de seus próprios corpos ou pensamentos. Eles eram avaliados segundo a raça, a força física e o sexo. No início do século XVI, o comércio de escravos era um tanto restrito na Europa, mas quando o Novo Mundo foi descoberto, surgiu a necessidade de mão-de-obra barata para lavrar a terra e cuidar do gado.

Durante um longo tempo, Portugal executou a maior parte do comércio de seres humanos. Eles eram exportados da África para o Brasil para ceifar a cana-de-açúcar, para as Antilhas e para o sul da América do Norte para serem empregados na lavoura do algodão.

Enquanto isso, comerciantes europeus traficavam na África Ocidental, enquanto os árabes faziam sua distribuição entre os haréns da Ásia Menor e dos acampamentos da África do Norte. Entre os clientes, havia fábricas holandesas, francesas, portuguesas, espanholas e inglesas.

Aproximadamente 100.000 negros foram reduzidos à escravidão durante o século XVIII, mas no final desse período começou a crescer certo sentimento de que essas atividades deveriam ser rejeitadas. Começou a se espalhar uma atitude abolicionista.

Grandes pensadores e filósofos se opuseram à escravidão, entre eles Jean Jacques Rousseau (1712-1778), escritor nascido em Genebra, que escreveu entre muitas outras obras, *Julie, or the New Heloise*; *Reveries of a Solitary Walker*; *Confessions* e assim por diante. Rousseau foi precursor do Romantismo e teve uma enorme influência na Revolução Francesa. Ele pensava que o homem tem uma boa natureza, mas que a sociedade o influencia, corrompendo essa virtude. Voltaire também exerceu grande influência. Ele foi um escritor francês (1694-1778) que conquistou a fama por meio de seus debates filosóficos, que foram apresentados como *Essays on Man*, ou em novelas como *Micromegas*, *Candide*, etc. Voltaire afirmou que a moralidade tem de ser fundamentada na razão e na tolerância.

A abolição da escravatura teve duas fases durante o século XIX:

- A proibição do comércio de escravos pela Inglaterra, em 1807, e pela França, em 1815.
- A emancipação dos escravos na Inglaterra, em 1833, e na França, em 1848.

Tabela Comparativa

O sincretismo é um assunto profundamente emocional por todas as Américas e, quer aceito quer rejeitado, o fato é que ele existe. Mais do que isso, ao que parece, quanto mais ele é ignorado ou negado, tanto mais forte ele se torna — como um eco à reação de proibições passadas. Como já afirmamos, a humanidade sempre procurou e idealizou seus conceitos; admirou a coragem, a beleza e a justiça; tratou de incorporá-las, de materializá-las. Muitas vezes elas foram buscadas em ídolos populares de diferentes ramos da arte, da política ou de outras posições. A busca se estendeu ao mundo religioso e às tendências filosóficas que prestaram grande atenção às preocupações interiores, morais e/ou espirituais. Isto ocorreu desde tempos imemoriais e continua acontecendo. Nas civilizações antigas, como a greco-romana, o sincretismo foi usado extensivamente para explicar as origens, as conquistas, as derrotas e assim por diante. A intenção deste livro é fazer uma comparação com elas e — isto deve ficar muito claro — não criar um novo sincretismo. Embora haja semelhanças em alguns casos, também há profundas diferenças até mesmo nesses casos.

Portanto, devemos fazer uma comparação conceitual entre simbolismos, origens e esferas de ação, deixando de lado os outros aspectos. A tabela comparativa, na próxima página, mostra primeiro o nome do Orixá, depois o seu sincretismo com o correspondente Santo católico romano e, à direita, um paralelo entre as características do Orixá e aquelas da correspondente divindade greco-romana.

O deus supremo do Olimpo era Zeus ou Júpiter. O único, o todo-poderoso, o Deus supremo dos Iorubás chama-se Olorum ou Olodumaré. Trata-se da mesma concepção dos cristãos, que simplesmente O chamam de Deus.

Notem que mais de um Santo católico romano corresponde ao mesmo Orixá; isto se deve ao fato de muitas nações africanas terem se estabelecido na América.

Orixás, Orishás ou Orichás	Santos Católicos	Divindades Greco-Romanas
Elegbara	Santo Antônio, São José, São Pedro, Santo Menino de Atocha	Mercúrio (significa mercadoria) e Hermes (intérprete e mensageiro)
Ogum ou Ogun	São Jorge ou Santo Antônio; também São Pedro e São João	Ares e Marte (heróis guerreiros) usam um elmo, lança e escudo, e seguram um troféu que representa Marte vencedor
Oxóssi	São Jorge	Diana. Suas armas e ferramentas eram o arco e a flecha; regia a caça e reinava nos bosques
Iansã ou Oiá	Santa Bárbara, Santa Teresa e Santa Joana d'Arc	Éolo, rei dos ventos
Xangô	São João Batista, São Marcos de León, São Miguel Arcanjo e Santa Bárbara	Têmis (a Justiça ideal e absoluta), tinha numa mão a balança e na outra uma espada; e Astrea (a aplicação da Justiça Divina)
Omulu, Obaluaiê ou Babaluaiê Xapanã	São Lázaro, São Roque e Nosso Senhor Jesus Cristo	Esculápio, filho de Apolo e de Corônis; dono dos conhecimentos da Ciência Médica
Oxum	Imaculada Conceição de Maria, Virgem da Caridade do Cobre, Virgem Maria	Afrodite e Vênus, regentes da beleza
Iemanjá, Iemayá ou Yemayá	Nossa Senhora das Candeias, *Stella Maris* e Nossa Senhora da Guia	Minerva. A ela é atribuída a invenção do timão. Ela criou a oliveira usada como emblema de paz. Anfitrite, esposa de Netuno
Naná Burucu (uma Iemanjá mais velha em irradiação)	Santa Ana e Nossa Senhora do Carmo	Poseidon e Netuno, filhos de Saturno
Oxalá Obatalá	Sagrado Coração de Jesus, Senhor do Bonfim, Jesus de Nazaré e Nossa Senhora das Graças	Hélio e Apolo. A ele pertencia o império da Luz. Ele regia a arte, o amor, as letras. Era o rei do dia. Por isso, foi chamado de Febo

Cada uma delas escolheu diferentes representações, de acordo com o seu contexto e a força do Santo mais em evidência ou do Santo mais venerado pelos senhores brancos.

Mas, como me disse certa vez um velho homem negro, muito querido e respeitado: "É preciso que eles venham até você e o conheçam, não só pelo nome, mas pelo que você é, e pelo que representa..."

Relacionamento entre as Cartas e seus Possuidores

Além de ser um sistema de ler a sorte ou de adivinhação, as cartas têm de ser consideradas à luz do misticismo e da magia. Muitas gerações, através dos séculos, conscientes ou não do seu papel, foram instruídas nos vários símbolos representados pelas cartas como parte de sua experiência pessoal, de seu sentimento habitual ou de suas idiossincrasias. Portanto, podemos dizer que essas cartas carregam uma certa força de batismo (um ato repetido por um ou por alguns grupos, de natureza religiosa ou não) que lhes dá apoio ou as torna válidas para o inconsciente coletivo.

Elas são verdadeiras chaves astrais que abrem os mais recônditos lugares da mente, desvendam os maiores mistérios e revelam o que muitas vezes os nossos sentidos mais aguçados não conseguem captar.

O verdadeiro leitor de cartas, que sabe de tudo isto, respeitará as cartas, não só pelo seu significado, mas também porque ele entende que elas contêm a força imanente e a sabedoria das idades. Neste caso, haverá um relacionamento perfeito entre as cartas e o consulente, o que ajudará bastante a sua leitura.

Devemos nos lembrar de que os sensitivos (pessoas que têm habilidades mediúnicas, que podem continuar se desenvolvendo cada vez que um tipo de adivinhação é usado) irradiam ondas magnéticas, irradiações que as cartas captarão e enviarão de volta como informação, orientação e conhecimento.

Portanto, deve haver uma comunhão perfeita, indivisível, entre as cartas e o dono delas. É por isto que elas devem ser tratadas com muito cuidado, devem ser protegidas contra qualquer vibração indesejável.

Recomendações para o Uso:

- Tenha um lugar específico ou um aposento reservado para a consulta das cartas, tentando tanto quanto possível não mudar de lugar.

- Não tire as cartas da sala de consulta.

- Não deixe que sejam tocadas por estranhos (exceto quando for necessário para a jogada).

- Não deixe as cartas soltas; guarde-as em segurança, de preferência numa caixa de madeira (a madeira age como um bom material isolante).

- Não coloque as cartas perto dos pertences de outras pessoas e nunca as empreste para ninguém. As cartas são pessoais e usadas para responder e reagir a certo tipo de energia, que é a sua própria. Lembre-se de que a sua energia ou força vital é única e não pode ser repetida, tal como acontece com as suas impressões digitais.

- Embrulhe-as num pano colorido relacionado com o signo astrológico cuja cor ou nuança tem de estar de acordo com o planeta regente do dia da consulta, ou com o Santo guia ou Orixá do leitor de cartas, ou qualquer outra cor com a qual ele ou ela tem afinidade, ou que possa estimulá-lo de forma harmoniosa. *Não use a cor preta.*

- Use incenso aromático ou ervas para perfumar o quarto, para que se disperse qualquer condição adversa.

- Coloque um copo d'água perto das cartas. Ela absorverá qualquer carga de energia negativa que outra pessoa possa trazer (lembre-se de que, quase sempre, mesmo que a consulta possa ser feita por mera curiosidade, existem dúvidas, medos, repressões, angústia, excitação nervosa, impaciência, ansiedade, etc., que podem afetar negativamente a leitura).

- Antecipadamente, limpe a mente de quaisquer pensamentos sem ligação com o que está fazendo, ou, em outras palavras, tente focalizar sua atenção exclusivamente na leitura.

- Antes da leitura, invoque Deus, o Todo-Poderoso, e nossos líderes espirituais, de modo que possa corresponder à missão de transmitir a mensagem das cartas com dignidade, assistido pela verdade e justiça e de modo fraterno.

- O consulente é advertido para não cruzar as pernas durante a consulta, porque desse modo seria formada uma corrente cruzada ou contrária, obstruindo a circulação livre e normal da energia.

Eu Sou Um

Eu sou um,
Porém sou quatro:
Este e Oeste, Norte e Sul.

Porém um e quatro
Fazem cinco.

Eu sou o centro
E o centro é o quinto.

Sendo cinco,
Sou o meio.

A metade
Do que sempre
Foi e será
O número dez da divindade.

Sendo o zero o nada,
Não o conto nem o descarto;
Ao número um o anteponho.
"No princípio era o nada."
Quando depois apareceu
Eu sou um...

O PORQUÊ DOS NÚMEROS

No século VI a.C., Pitágoras estabeleceu para cada letra um valor numérico. Ele achava que as coisas são números, ou seja, que a essência de todas as coisas que formavam o nosso mundo podiam ser expressas em termos numéricos; e afirmava que deviam ser representados através de uma ordenação de pontos em determinada ordem.

Se refletirmos sobre essa idéia, veremos que, na realidade, nos movemos num espaço que, se for medido, será expresso por um certo número. Se o expressamos como infinito, vamos representá-lo como um oito deitado, e se dizemos que é o nada, desenharemos o zero.

Quanto ao tempo, também devemos recorrer aos números para referir-nos a uma hora determinada, à quantidade de dias, meses, anos, ao tempo que a Terra leva para dar a volta ao Sol, isto é, 365 dias (3 + 6 + 5 = 14 ou 1 + 4 = 5 — o homem — ou, o que é o mesmo, duas vezes 7). Embora algo pareça etéreo ou espiritual e eminentemente artístico, como a música, ela é avaliada por valores numéricos. Ela tem ritmo, como o do nosso coração (cuja "harmonia", se não for respeitada, criará problemas para nós).

Os Números mais Usados pelos Esotéricos

Número 3:

- A Santíssima Trindade (Pai, Filho e Espírito Santo)
- As três virtudes teologais (Fé, Esperança e Caridade)
- Os três paladinos da justiça (Os Três Mosqueteiros)
- Os três reis magos do Oriente
- As três operações compreendidas pela Cabala literal (geometria, nutriqum e temura)

Número 7: É um número mágico, a revelação do mistério, o número criativo por excelência. (Deus criou o mundo em seis dias e no sétimo descansou.) É o número preferido pela tradição africana. Fala-se das Sete Potências Africanas (os sete Orixás mais queridos).

- As sete notas musicais (clave de Sol na segunda linha, clave de Fá na quarta e na terceira e clave de Dó na primeira, na segunda, na terceira e na quarta linha).

- Os sete sábios da Grécia (entre eles, podemos citar Tales, Anaximenes, Anaximandro — astrônomos, geógrafos, agrimensores, etc.).
- Os sete elementos de que se compõe o homem, segundo a Cabala.
- Os sete pecados capitais (soberba, ira, luxúria, inveja, preguiça, avareza e gula).
- As sete pragas do Egito.
- Os sete chakras.
- Os sete períodos em que se divide o ano, cada um com 52 dias (5 + 2 = 7), dos quais o primeiro período antes da data do aniversário é o mais negativo de todos (astrologicamente, o Sol não começou a reger totalmente).
- As sete escolas de Ioga existentes na Índia (Raja, Karma, Jnana, Hatha, Laya, Bhakti e Mantra).
- Os sete dias da semana.
- Os sete princípios herméticos (mentalismo, correspondência, vibração, polaridade, ritmo, causa e efeito, geração).

Os números 11, 22 e 33 são considerados números-mestres. O número 11 inicia o segundo ciclo, depois de chegar ao dez, repetindo duas vezes o número 1 (que, como explicamos no livro, é o número de partida, o início, considerando-o como o número que rege a criação). O 22 representa duas vezes a ação do 11 e os 22 ramos da árvore da Cabala. O 33 triplica a ação do primeiro número-mestre. É o maior de todos em grau numérico e em importância, pois representa a idade de Cristo, o Grande Mestre Iluminado.

E se somamos
$$\begin{array}{r} 1 + 1 = 2 \\ 2 + 2 = 4 \\ 3 + 3 = \underline{6} \\ 12 \end{array}$$

... é o resultado que designa a quantidade de meses que contém um ano (onde há quatro estações — correspondendo aos quatro elementos — com uma duração de três meses cada uma, $3 \times 4 = 12$). Finalmente, esse número representa os doze discípulos de Jesus.

Por último, o número 13, tão temido e às vezes repelido, porém indubitavelmente mágico. Muitos o consideram de mau agouro. Eu, pessoalmente, penso o contrário, já que é o número que representa o karma, e este será bom ou mau, positivo ou negativo conforme o nosso comportamento. Lembremos que só através do karma é que temos a possibilidade de reparar os nossos erros passados, o que considero positivo e essencial para o nosso desenvolvimento.

A superstição aponta-o como maléfico, baseando-se talvez na última ceia de Nosso Senhor, na qual Ele compartilha sua última refeição com seus doze discípulos. No entanto, esquecem que o número treze era o próprio Redentor, e que foi justamente devido ao seu bom karma — se é que se pode falar assim — que Ele ressuscitou de entre os mortos e está sentado à direita de nosso Pai, de acordo com a Bíblia.

O Tarô dos Orixás compõe-se de 77 figuras, ou seja, dois setes repetidos, cuja soma final nos dá como resultado o número 5 — a "aliança essencial", assim o denominou Pitágoras —, que representa o Homem (7 + 7 = 14, ou 1 + 4 = 5), o Ser Humano.

E é por essas razões místicas, esotéricas e numerológicas que o número de cartas resulta no número 5. Ele está destinado e é configurado por aquele a quem é dirigido, por e para a humanidade, para resolver seus enigmas e inquietações e para solucionar cada um de seus dilemas.

O baralho é composto de 25 cartas principais, entre as quais encontramos as cartas dos Orixás mais conhecidos, junto com outros, que são incluídos nesse grupo graças às suas características (considerando que, se somamos os dois dígitos de 25, o resultado será 7), e as 52 (5 + 2 = 7) cartas restantes são divididas de acordo com os quatro elementos (Ar, Água, Fogo e Terra), contendo cada grupo 13 figuras. Como podemos notar, o valor esotérico desses números foram levados em conta.

COMPARAÇÃO COM O TARÔ TRADICIONAL

Convencionou-se chamar de Tarô a este conjunto de cartas, porque assim se costuma chamar qualquer sistema de adivinhação que usa figuras pintadas ou desenhadas como meio ou instrumento de leitura. As cartas mais importantes do Tarô — isto é, os "Arcanos Maiores" — são em número de 22, que para muitos representam os 22 caminhos que ligam entre si os 10 Sephiroth da Árvore da Cabala e as 22 letras do alfabeto hebreu. Essas cartas contêm referências a uma corte medieval, na qual o Imperador e a Imperatriz seriam os governantes. A carta do Louco ou do Bobo pode ser o bufão da corte, etc., e assim outros personagens, movidos por circunstâncias que afetam a vida do Homem, são representados por outras cartas. Os Arcanos Menores consistem em 56 cartas adicionais, divididas em quatro naipes, como no baralho comum, considerando a relação entre o número 4 e as 4 letras do alfabeto hebraico YHVH, que significam Yahveh ou Jeová.

O Tarô dos Orixás, porém, compõe-se de 77 figuras, das quais 25 são principais e 52 secundárias. Estas últimas são divididas pelos quatro elementos da Natureza: isto é, a Terra, a Água, o Ar e o Fogo, contendo cada elemento 13 cartas. Para isso, levei em conta razões numerológicas, esotéricas e mágicas.

Cada uma dessas 77 cartas reproduz um figura vívida, importante, seja pela sua diagramação, conteúdo artístico, simbologia, cor ou mensagem implícita.

Incluída entre as 52 cartas secundárias, há quatro cartas denominadas Mensagens dos Elementos, com uma reflexão e conselhos para o consulente. As Cartas dos Elementos, uma para cada um dos Elementos acima mencionados, define o nosso lugar em relação a eles, levando em consideração os períodos de tempo e as peculiaridades dos mesmos.

Elas também são usadas como instrumentos de abstração para induzir a psique a relaxar enquanto lê as cartas. E, finalmente, há uma carta para o Elemental que pertence a cada um dos elementos, relacionando-os com profissões e personalidades.

A importância de ter 77 figuras é dar apoio ao leitor ou cartomante com verdadeiras obras de pintura, que enriquecerão seu vocabulário mental, o inspirarão e o ligarão com esferas sensitivas superiores, pondo em relevo todo o seu aparato mediúnico. As figuras permitirão que ele assimile mais rapidamente o significado de cada carta, com base na exata descrição de seu conteúdo, facilitando a sua interpretação, dedução, comparação e criação de regras mnemônicas que serão úteis para criar frases, afirmações e idéias inspiradas pelo Além. Isso é possível pelo fato de cada uma dessas imagens estar em um ciclo da vida, tornando mais representativo da Criação.

Outra grande diferença é que o Tarô dos Orixás é formado por divindades do panteão Iorubá — energias do bem, da luz, verdadeiras energias produzidas pelo Altíssimo. Por isso, as cartas merecem o maior respeito e cuidado no modo como serão usadas, por causa da proteção e radiação que elas produzem. Além do mais, é compensador estar sob a proteção da sua benevolência, ter a gratificante sensação de não ter Deus tão distante, poder trazê-lo para perto e também acercar-nos um pouco mais d'Ele. Embora tenham um conteúdo altamente religioso, as cartas não são menos importantes do ponto de vista antropológico, filosófico e psicológico. Cada leitor buscará uma maior apropriação e aproximação de acordo com as suas necessidades, convicções e crenças.

É importante esclarecer que essas energias não interferem nem entram em conflito com outras. Elas são universais, abarcam o todo e, sem que o soubéssemos, sempre existiram e continuarão a existir enquanto existir o Mundo.

O leitor há de notar que as 25 figuras principais não são numeradas, isso porque nessas cartas você encontrará os Orixás mais venerados, e que não são influenciados por números. Pelo contrário, eles têm grande poder sobre os números. Não é possível atribuir números a essas cartas, porque assim fazendo poderíamos sugerir conclusões incorretas e apressadas, sem nenhum cuidado. Relações numéricas nada têm em comum com o nosso tema.

Embora o Tarô dos Orixás seja rico em experiências e tenha sido desenhado para o nosso tempo, também levei em consideração aqueles que, por vários motivos, ainda estão ligados ao Tarô tradicional. No intuito de facilitar o pronto reconhecimento e assimilação das imagens, tentei traçar um quadro (reproduzido na página seguinte) contendo as semelhanças e significados — e também os símbolos — dessas cartas adequados a esse propósito, embora levando em conta as diferenças mais evidentes.

Tarô dos Orixás	Tarô Tradicional
Elegbara	Não tem
Exu	Não tem
Pomba-Gira	Não tem
Ogum	O Carro
Iansã ou Oiá	Não tem
Xangô	A Justiça
Omulu — Xapanã — Babaluaiê	O Ermitão
Obá	Não tem
Oxumaré	Roda da Fortuna
Oxum	A Sacerdotisa
Iemanjá	A Imperatriz
Obatalá ou Oxalá	O Imperador — O Mestre
O Babalorixá	O Mago
O Anjo Custódio	A Temperança
O Casal	Os Enamorados
O Homem	A Estrela
A Aldeia	A Torre
A Terra	O Mundo
O Sol	O Sol
A Lua	A Lua
O Expulso	O Louco
Iku	A Morte
O Karma	O Julgamento
O Diabo	O Diabo
O Prisioneiro Escravizado	O Enforcado

AS CARTAS

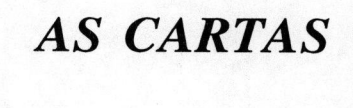

Cartas Principais

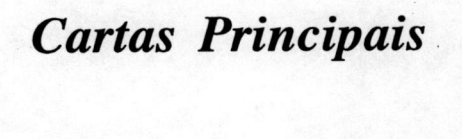

Elegbara

É o dono de todas as portas, de todos os caminhos. Portanto, a ele pertencem as chaves mágicas para abrir as fechaduras mais invioláveis e a permissão para percorrer as diferentes sendas a serem percorridas pelo Homem.

Coloca-se a sua imagem atrás ou perto das portas de entrada de uma casa, já que Elegbara é o guardião ou protetor de aldeias, cidades, povoados, casas, etc. Ele é feito com terra de 3 ou 7 caminhos cruzados (encruzilhadas), com água de 3 ou 7 rios, com chuva recolhida 3 ou 7 vezes durante 3 ou 7 dias da semana, e dentro do possível no terceiro ou sétimo mês ou em 3 ou 7 meses do ano, com água de 3 ou 7 mares, 3 ou 7 praias diferentes, areia de 3 ou 7 dunas, cimento (de preferência, pedido numa obra em construção) e água benta de 3 ou 7 igrejas, pedacinhos de prata e de ouro, búzios (conchas marinhas), moedas, etc.

Quem o modela conhece o segredo de preparar um Elegbara e tem o conhecimento perfeito para fazê-lo, depois de muitos anos de estudo e preparação; sua especialidade em geral é muito reconhecida e respeitada. Ele sabe que a cada Orixá Maior corresponderá um determinado tipo de Elegbara, variando sua forma, cor, materiais, quantidade de búzios, etc.

Ele é o primeiro Orixá a receber as oferendas. As que mais agradam a este Santo são doces, tabaco e coco. Seu número predileto é o 3, e nos dias desta numeração (3, 12 = 1 + 2 = 3, 21 = 2 + 1 = 3) tem maior influência e *axé*.

Algumas linhas não o conhecem por este nome, denominando-o de forma diferente. Chamam-no Bará, porém seu conteúdo e significado é o mesmo. Seu sincretismo mais popular e conhecido é com Santo Antônio e São José. Sua cor é o vermelho, ou o vermelho e o preto. Seu dia da semana é a segunda-feira.

Os pedidos a Elegbara geralmente são para aberturas de qualquer índole, especialmente no que diz respeito a dinheiro.

Significado

Está relacionado com tudo o que diz respeito ao trabalho. Progresso no trabalho. Produtividade abundante. Campanha publicitária proveitosa. Sua mensagem será bem recebida. Ofertas tentadoras e viáveis. Vitalidade.

Carta rodeada por outras de significado negativo: falta de trabalho, desemprego. Fadiga, cansaço, abulia, desânimo. Mensagens mal-interpretadas, falta de comunicação.

Oração a Elegbara

Elegbara, faze com que eu ande no caminho certo
Protegendo-me de noite e de dia.

Faze com que no meu trabalho haja
Progresso e alegria.
Que no meu caminho não haja insegurança
E que ninguém interponha sua traição.

Que não haja mais garantia
Do que a minha capacidade e competência
Sempre mais valorizada.

Defende minha casa como uma fortaleza
E que não se sentem à minha mesa
Falsas testemunhas e enganadores.

Encontra para mim um trabalho digno
E dá-me a grande honra
De ser o meu guia.

— Zolrak

Exu

É um dos aspectos que Elegbara pode adotar. Muitos pensam que é um dos 21 arquétipos deste. Sua morada é o cruzamento de 4 caminhos ou encruzilhada, que deve estar aberta (sem becos sem saída) nas quatro direções e em cada uma delas em pelo menos 7 quadras. Ele é o "Senhor dos Caminhos"; é quem escuta e atende com cuidado e cautela os nossos pedidos, para levá-los até os Orixás maiores, dos quais é o porta-voz. Cumprindo esta importante tarefa, alcança luz espiritual, atendendo às mais prementes necessidades ou carências humanas.

Já observei muitas festas para Exu no Brasil, na Argentina, no Paraguai e no Uruguai; a maioria delas celebrada no dia 24 de agosto (dia de São Bartolomeu, de acordo com o Calendário Perpétuo dos Santos). São de grande beleza pelo seu colorido e alegria. Ao compasso dos atabaques, os que querem consultá-lo (já que ele conhece com perfeição a psicologia humana e sua problemática) podem fazê-lo, não havendo para isso nenhum tipo de dificuldade. Levam-lhe presentes e também oferendas que consistem em bebidas alcoólicas (cachaça, aguardente, uísque), tabaco (charutos, Havanas), etc.

Muitos o sincretizam com São Miguel Arcanjo, e outros com São Pedro (o depositário das chaves do Céu ou paraíso), pois Exu tem as chaves para ingressar nos diferentes caminhos psíquicos. Sua especialidade é "abrir os caminhos" (no que se refere a trabalho, profissão, carreira ou meio de vida). Sem ele não se pode iniciar nada no terreno espiritual, já que ele é o mediador entre os homens e os Orixás. E, como diz uma canção muito conhecida dedicada a ele: "Sem Exu, não se pode fazer nada."

Numa das minhas pesquisas nos Estados Unidos, tive a oportunidade de receber conselhos e orientação espiritual de Exu. Alguns meses depois da consulta, comprovei a exatidão com que havia descrito situações pelas quais um familiar muito chegado a mim estava atravessando.

Descrição da Carta

Vê-se Exu atravessando uma encruzilhada, fumando seu típico charuto, com o qual "fuma e desfuma ao mesmo tempo" (limpa e descarrega energética e/ou espiritualmente a quem recorre a ele), carregando uma garrafa de bebida na mão direita e na outra um tridente (símbolo da era que atravessamos), a "Era de Peixes", na qual Netuno (seu planeta regente), com seu símbolo em forma de tridente, representaria o Homem com os braços estendidos para o céu, implorando ou pedindo ajuda e proteção.

Numa das oportunidades já mencionadas, eu lhe perguntei: "Que significado tem o seu tridente?", e ele, com seu humor tão peculiar, me respondeu: "Com que você acredita, meu filho, que levanto a carniça e lixo humanos, as baixas paixões do Homem, afasto os obstáculos de seus caminhos, luto contra as adversidades do mal em todas as suas expressões?"

Diante dessa resposta, fiquei perplexo, meu respeito me emudeceu e compreendi, ainda mais, como é grande a sua missão!

Acompanha Exu um gato preto, já que estes dizem ser os animais que o acompanham e que casualmente são os que mais vemos nas esquinas ao cair do sol. Recordemos que os gatos são animais muito psíquicos; a crendice popular e suas fantasias os revestiram de um caráter malévolo ou traiçoeiro, o que é muito injusto para um animal. O que acontece é que o gato é pessoal, intuitivo, independente e se defende daqueles que querem atacá-lo gratuitamente e, como eu disse anteriormente, é dotado de faculdades paranormais. Cabe lembrar aqui que os egípcios e os africanos também o respeitavam e veneravam. O gato era geralmente o protetor oficial dos templos e palácios.

Uma capa vermelha e preta — já que estas são as suas cores — dá-lhe um ar de rei, que ele é, o "Rei das Encruzilhadas". A paisagem me faz lembrar a Bahia de Todos os Santos, Estado do Brasil onde o amor e a magia são uma coisa só. Quem quiser conhecê-la sem ter que viajar a essa cidade, onde o sol é mais sol e a lua parece maior do que em qualquer outro lugar do planeta, basta ler o livro *Bahia*, de Jorge Amado — famoso escritor brasileiro —, e poderá conhecê-la em seus mais íntimos detalhes, em seus costumes, em seu folclore, suas crenças, suas comidas típicas, etc. Exu tem uma psicologia muito profunda e, como está em contato íntimo com os Homens, trabalha no nosso mesmo plano astral. É por isso que conserva alguns gostos humanos (daí o álcool, o tabaco, que são utilizados como elementos magnéticos para contê-lo no corpo do médium).

Minha curiosidade levou-me também a lhe perguntar, numa ocasião, a que se devia a necessidade de beber e fumar, e ele me respondeu que dessa forma "embriagava seus sentidos — metaforicamente falando —, para poder manter-se no nosso baixo astral" e ter ainda mais consciência do seu trabalho.

Comprovei também que aqueles que o incorporam mudam o tom da voz, seu timbre, cor e, às vezes, a intensidade da mesma, não ficando neles cheiro algum de tabaco ou de álcool, e muito menos ficam bêbados; pelo contrário, eles estão totalmente sóbrios.

Trata-se de uma energia viril, quase fálica. Muitas estatuetas africanas, feitas de barro ou de madeira talhada (geralmente em ébano), mostram essa característica; isto é, a energia representa a força reprodutora inata do Homem. Cabe esclarecer que isto não implica dizer que, quando um médium o incorpora, recebe mediunicamente algum tipo de informação, necessidade ou tendência sexual, já que a simbologia só se refere à capacidade geradora de vida do gênero humano.

Significado

Um homem viril, cheio de vitalidade, conhecedor da vida, com a inocência de um menino e com a experiência de um ancião. O tempo parece não afetá-lo. Sua energia é constante. Infatigável em sua tarefa, empenha-se muito e se sacrifica para atingir seus objetivos.

Um poeta; para comunicar-se com ele, é preciso deixar todos os seus temores de lado e saber reconhecer no seu coração todas as gemas preciosas que ele tem como tesouro.

É de uma personalidade leal e fiel, bom companheiro, sócio ou amigo que o ajudará a transitar pelo caminho que você decidiu trilhar. Esta carta rege os órgãos genitais masculinos. É uma carta com alto conteúdo psíquico e também a que pode anunciar-lhe qualquer perigo ou desequilíbrio nesse particular.

Comunicação escrita, verbal ou oral. Confraternidade, associação ou loja. Sentimento fraternal e comunitário.

Abandono das coisas materiais com vistas ao espiritual.

"Seu amigo é a resposta às suas necessidades."

— K. Gibran

Carta rodeada por outras de significado negativo: Infidelidade. Frigidez. Inapetência sexual. Perturbação emocional. Preguiça. Falta de energia.

Oração a Exu

Senhor das encruzilhadas,
Que espera mais que um amigo
Para a confraternização que eu sempre desejei,
É trabalho muito duro e comprometido
O de ser mensageiro e receptor de nossos
Pedidos,
Porque Oxalá ou Obatalá assim quis.
Sendo o mais humilde dentre os humildes,
Tens a grandeza dos que se
Engrandeceram.

Mitigando a dor do aflito,
Socorrendo o desamparado e o desprotegido,
Cumpres o que prometeste
Colaborando na redenção humana
Sem distinção de emblemas, raças, cor ou
Motivos.

Limpando o teu karma, me ajudas a encaminhar
O meu,
Lutando contra o mal em todas as suas formas
Ou estilos.

Refletes a sabedoria dos que compreendem.

Que viva o seu nome, Exu!
Nos sete caminhos,
Nas sete sendas,
Que iluminaste
Afastando as sombras e toda escuridão.
— Zolrak

Pomba-Gira

É a versão feminina do Exu, isto é, Exu mulher, e tem as mesmas características do Exu homem, mudando ou variando as características viris por conotações específicas do gênero feminino, já que é delicada, sensual, amante da beleza, etc.

Escolheu-se como representante da Pomba-Gira, uma delas, a Cigana, porém é bom esclarecer que é conhecida por vários nomes como: Maria Padilha, Maria Mulambo, Maria das 7 Encruzilhadas, etc. Também funcionam como intermediárias entre os Orixás e os Homens.

São as grandes magas do amor e recorre-se a elas sobretudo para reencontrar o amor perdido, ou para encontrar e consolidar um novo relacionamento romântico.

Alegres, divertidas e munidas de um alto poder de sedução, elas cativam só com a sua presença. Quando baixam à Terra, lançam uma gargalhada estridente e musical, como se fosse um grito de liberdade e alegria.

Na carta, é vista dançando com graça e talento, mostrando que a música, por assim dizer, está no seu sangue.

Suas roupas têm as suas cores, e observamos a quantidade de jóias e bijuterias que gostam de usar, além de um cravo vermelho preso nos cabelos, e numa das mãos ela carrega um pandeiro que marcará seu incessante movimento.

Um coração de flores protege sua figura, que é mostrada em toda a sua beleza. Escolhi a cor rosa, conhecida por suas características harmonizadoras, para rodear a imagem. Tudo isto nos dá um caráter de tranqüilidade e de festa.

Significado

Festas, casamentos, festejos e celebrações em geral.

Alegrias e surpresas compartilhadas. Começo de um namoro, de um romance ou casamento. Paixão. Sedução. Sorte e intuição.

Prêmios e presentes A boa sorte está do seu lado.

Carta rodeada por outras de significado negativo: Leviandade de caráter. Precipitação para tomar decisões. Oportunismo e interesses materiais.

Oração a Pomba-Gira

Pomba-Gira,
Espírito da alegria,
Preciso sempre da tua magia
E também da tua sagacidade
Para desviar a maldade.

Como também da sedução
Para dar um fim
À minha solidão.

Que o teu sorriso contagiante
Como o champanhe mais fragrante
Transborde de paz e felicidade.

E que o coração do meu ser amado...
Palpite sem interrupção
Só pela minha pessoa
E em todas as direções.
— Zolrak

Ogum

Um corpo robusto e uma figura estilizada pertencem a este lutador, que com grande integridade luta contra a besta.

Ele segura numa das mãos uma espada e na outra uma lança, preparando-se para a defesa e o ataque.

Uma coroa simples, sem grandes enfeites, revela sua hierarquia. Na coroa, como um estandarte, vê-se uma pequena espada, colares ou guias em seu pescoço e típicos braceletes nos braços.

Na carta predominam duas cores: o azul e o verde; o primeiro relacionado com Ogum Xoroké, cujo sincretismo é com Santo Antônio, e o verde, que corresponde a Oxóssi (São Jorge) e a Ogum, que, para muitos, também é São Jorge. Outros o ligam com São João e São Pedro.

Ambos os Orixás, com uma muito forte ligação entre si, são lutadores, defensores da Justiça e da Ordem, valentes e guerreiros. Lutam contra o mal e são invocados para desfazer grandes feitiços ou trabalhos malignos; daí a alegoria de matar a besta ou dragão.

A Ogum pertencem a espada e a lança e, por ser o patrono do ferro, é relacionado com tudo o que é metálico e com a metalurgia. Oxóssi ou Ochósi é reconhecido como o caçador e seus instrumentos são o arco e a flecha.

Algumas linhas ou nações, que identificam Ogum com São Jorge, consideram-no regente da cor verde, enquanto outros o consideram regente do verde e do vermelho. Apesar dessa diferença, não varia a conceitualização de seu espírito de luta.

Suas energias vivem nas florestas, nos bosques, nos montes, etc., em tudo o que é verde, onde o dono de todas as folhas e ervas é outro Orixá, chamado Ossain que, além de ser o dono de todas as plantas (embora divida esse privilégio com todos os Santos, pois cada um é dono de uma ou de várias plantas), também tem das mesmas o seu *axé*, *aché* ou *ashé*, sendo um grande conhecedor de suas propriedades, convertendo-se assim no grande herborista.

Significado

O espírito vence e prevalece sobre a matéria. O bem triunfa sobre o mal. A inteligência exerce supremacia sobre a brutalidade. Inimigos vencidos. Você vencerá em qualquer batalha. O amor é conjurado para desprezar e rejeitar o ódio.

Caráter benévolo, mas ao mesmo tempo forte, compulsivo, arrebatado e impulsivo. Tenacidade e coragem. Tudo o que empreender será concluído; nada, nem o mais mínimo detalhe será rejeitado ou deixado de lado. Viagens de trem. Atividades e negócios relacionados com a área da metalurgia. Amor veemente, romântico e grandiloqüente. Tudo o que estiver relacionado com botânica, a floresta. Tendências vegetarianas ou naturistas.

Carta rodeada por outras de significado negativo: Falta de força para enfrentar os inconvenientes e os perigos. Excesso de força e um uso exagerado dos meios e instrumentos para usá-la. Prevalece a força bruta sobre a ação da palavra. Prepotência. Problemas com as forças de segurança devido a um mau desempenho.

Oração a Ogum e Oxóssi

Ogum e Oxóssi,
Vencedores de demandas,
Seu campo de ação é o verde,
As plantas, as matas.

Peço a tua ajuda
Para limpar o meu corpo,
A minha mente, a minha alma e a de......
Fazei com que aqueles que nos desejam mal
Se arrependam, se afastem e vão embora.

Que quem quiser nos prejudicar
Seja imobilizado de modo que não possa fazer nada.

Ogum, com tua espada de prata,
Oxóssi, com teu arco e flechas imantadas,

Atravessai selvas, campos, planícies,
Montanhas, a beira do mar,
A borda dos riachos ou das cascatas.

Porque sois guerreiros de bravura
De estirpe e valentia,
Não permitais
Que exércitos ou legiões do mal
Submetam, prejudiquem ou danifiquem
A minha semeadura, a minha colheita, as minhas ferramentas,
A minha casa, enfim, absolutamente nada.

— Zolrak

Iansã ou Oiá

Num céu "tempestuoso", com descargas elétricas abrindo passagem por entre as nuvens, Iansã aparece na terra forte como um ciclone e paira sobre um cemitério (lugar que ela governa).

Agilidade e destreza em pleno movimento, ela é o Orixá do vento além de ser o Orixá das tempestades e do raio. Seu número é o 9 ou o 7, conforme as linhas que a cultuam; por isso, são sete ou nove os raios que estão na sua coroa. Na mão esquerda, ela carrega uma espada, já que é uma guerreira, lutadora insuperável, como Santa Bárbara, daí a razão do seu sincretismo com essa santa. No mesmo braço, usa 7 ou 9 pulseiras do mesmo material que a coroa, ou seja, de cobre, metal que lhe pertence. No outro, uma de suas ferramentas em forma de espanador (feita de crina de cavalo) que serve para espantar os *egunes*, espíritos dos mortos, cuja denominação é *iruexim*. Um colar como guia, de sua cor (o vermelho), enfeita-lhe o pescoço. Alguns devotos lhe conferem também a cor marrom. Seus cabelos compridos e ondulados brincam com o vento, que envolve ao mesmo tempo tudo o que está ao seu redor como se a vestisse de cor-de-rosa claro, outra de suas cores preferidas.

Iansã ou Oiá é temperamental e com certo "ar" — é válida a redundância — de leviandade em seus critérios. Ela não se sujeita a rótulos, não é estereotipada, nem gosta de limitações nem de parâmetros, tal qual o elemento que preside. Como o vento que ela preside é lutadora incansável (como se injetasse em si mesma a energia do raio); incontível, como tudo o que representa, esbanja alegria e sensualidade.

Muitas histórias a colocam como a causadora do desentendimento e conseqüente rivalidade entre Ogum e Xangô, já que parece que Iansã tinha abandonado o primeiro para ser a primeira mulher de Xangô, atraída pelo grande magnetismo do mesmo.

Iansã é um dos primeiros Orixás femininos que baixam e que dançam no *terreiro* (no Brasil e em outros países da América do Sul) ou *güemileres* (em zonas do Caribe e da América Central).

Seu passo e dança são bem marcados, triunfantes, marciais, rápidos e "cintilantes".

Significado

Você foi feito à força de coragem, de luta, de vontade e de tenacidade; seus pensamentos são rápidos e, muitas vezes, você não permite que discordem de você.

De temperamento versátil, poderá realizar mais de uma tarefa por vez. Você dificilmente se prende a um lugar ou a uma situação, já que é amante das mudanças, podendo chegar a desprezar o tradicional ou o convencional por algo novo que lhe proporcione novas experiências.

Amante dos desafios, tem grande inclinação para a pesquisa, ou pelo menos para o início desse tipo de atividade. É ao mesmo tempo analítico e possessivo com respeito ao que considera de sua propriedade.

Quando se propõe, é cauteloso, não se deixando levar por seu ímpeto. Fortaleza. Rapidez. Esta carta rege o sistema nervoso, seus filamentos e terminações, e também o pensamento.

Eletricidade e tudo o que se refere a ela (condutores, usinas, fios, cabos, etc.).

> Helmholtz estimulou o nervo em diversos pontos e mediu o tempo que o músculo levava para contrair-se. Ao estimular o nervo em um ponto mais distante do músculo, a contração se atrasava [...] Os nervos dos mamíferos são os mais eficazes do reino animal; os de melhor qualidade conduzem os impulsos nervosos a uma velocidade de 362 km/h.
>
> — Isaac Asimov: *Perguntas básicas sobre a ciência*, Biblioteca, Página 12, Alianza Editorial S.A.

Se somarmos os 362 km/h, conforme a Numerologia, teremos: $3 + 6 + 2 = 11$ (primeiro número-mestre).

Carta rodeada por outras de significado negativo: Mulher rival e concorrente. Caráter explosivo e tempestuoso. Problemas psicomotores. Situação complexa e conflitiva. Declarações contundentes e explosivas.

Oração a Iansã ou Oiá

Guerreira e misteriosa,
Te ergues, majestosa,
Em plena tormenta e tempestade.

És o raio que nos lembra
A tua presença no meio do céu,
E no campo santo iluminado
Comandas o teu reinado.

Santa Bárbara bendita,
Livra-nos de todo o mal
E com a tua espada de cobre
Espanta os espíritos perturbadores
Para que Iku não tenha onde morar,
Afastando-se da minha casa,
Do meu corpo, de tudo ao meu redor,
E não encontrando a entrada.

— Zolrak

Xangô

Um homem forte de ombros largos, sentado sobre uma grande rocha na posição de loto e, apesar disso, é visto ereto, como se formasse um ângulos reto entre suas coxas, quadris e coluna vertebral.

Suas mãos seguram um de seus instrumentos ou símbolos principais, o machado de corte duplo, com o qual este nobre lutador administra a justiça. O mesmo machado cobre seus olhos (já que a justiça deve ser imparcial e objetiva, equânime por excelência).

Na parte superior do seu braço direito ostenta uma guia contra *egunes* (espíritos dos mortos), enfeitado com búzios; uma guia ou colar com as suas cores, que são o vermelho e o branco, envolve-lhe o pescoço.

Essa figura nos dá uma sensação de equilíbrio, de estabilidade, de muita força e segurança.

Atrás dele, um céu nublado descreve com perfeição o meio ambiente ou lugar de influência deste Orixá.

Ele é chamado de "O dono das pedras" ou "Acutá Maior". É senhor do trovão (antes também era o senhor do raio, até que o entregou a uma de suas esposas, Iansã ou Oiá, a quem pertence agora). Sua voz se faz ouvir através dele, mas seu poder ou *axé* (ou *aché*) reside nas pedras, e é tão imperturbável como elas. Isso parece dar-lhe certas características de rigidez, pois a lei ou a justiça devem ser tolerantes, mas também rígidas em sua escala de valores, onde a ética representa um papel preponderante.

As lendas contam que Xangô teve três esposas, que são Oiá, Obá e Oxum, o que revela sua fogosidade para o amor, e nos dá idéia do arquétipo psicológico dos filhos espirituais que o têm como Anjo da Guarda. Suas esposas compartilharam tempos, etapas e passagens diferentes na vida de Xangô, comprovando o amplo sentido protetor de sua personalidade.

Segundo a crença popular, foi o quarto rei de Oió, antiga capital do povo Iorubá.

Significado

Representa os juízes e magistrados, a justiça em geral e o conceito de justiça como tal. Eqüidade, equilíbrio e igualdade de condições. Processos, assinatura de contratos, recibos, documentação, papéis em geral. Exames, seminários, cursos, convenções.

Ele age sobre os ideais ou sobre a idealização de um pensamento, sobre a nossa consciência, sobre toda a parte ético-social.

Como o conceito de verdade, a justiça não vai estar sempre de acordo com o que às vezes consideramos justo ou verdadeiro; para que exista conciliação, devemos deixar de lado interesses pessoais, egoísmos e paixões, já que, como pensava um grande da sua época, Sócrates, teremos conhecimento verdadeiro de algum conceito ou coisa, quando a definirmos, e quando essa definição não for passível de objeção. Esta posição é alcançada através da busca do conhecimento, coisa que um mestre não pode ensinar; o que se pode fazer é induzir seu discípulo a refletir, a trabalhar com a mente e a extrair dela a Verdade.

Carta rodeada por outras de significado negativo: Seu significado muda, mas abrange todos os itens mencionados. Representaria problemas com a Justiça. Atrasos ou inconvenientes para assinar papéis. Trâmites. Há problemas em todo tipo de documentação. Burocracia. Problemas com a aprendizagem, com os estudos. Falta de equilíbrio e de eqüidade. Medidas pouco justas e resoluções nada alentadoras.

Oração a Xangô

A justiça chegou!
Abram caminho para Xangô.
Sua balança não tem preferidos.
Para ele tanto faz um imperador como um
Mendigo,
Um rico como um pobre.
O poderoso como o desprotegido.
Ajuda-me e defende-me das ciladas de meus

Inimigos.
Que nenhum juiz na terra
Desobedeça à tua intercessão
Já que a tua decisão
Será a sentença plena e justa.

Protege-me em tudo o que diz respeito
A processos e papéis,
Embora estes sejam muito antigos.
Agiliza-os com a tua magnanimidade
E tem piedade
Daqueles que não te entendem,
Pois a justiça é pouco compreendida
Por ser pouco promissora e tão comprometida.

Com São Marcos de León eu te sincretizo,
Como escritor e domador de feras
Faze com que assim aconteça
E que eu possa vencer e dominar
Quem se interpuser nos meus planos,
Não por serem falsos ou injustificados,
Mas por serem justos e bem pensados.

— Zolrak

Omulu — Xapanã — Babaluaiê

A figura de um homem totalmente coberto (só se vêem os braços e as pernas) por um traje feito de *palha-da-costa* (espécie de palha ou ráfia, com a qual também são tecidas as guias contra *egunes*, que tem em ambos os braços, na parte superior, enfeitadas com búzios), descrevendo longas e diferentes fileiras até perder totalmente seu verdadeiro contorno.

Ele está dançando, descrevendo um movimento com os braços de trás para frente, como querendo apagar ou varrer alguma coisa; o mesmo movimento é feito com seus pés num dança rápida e enérgica.

Filho de Naná Burucu e de Obatalá, é conhecido como Xapanã, Obaluaiê, Babaluaiê ou Omulu (um jovem e o outro mais velho, representando a energia da ação no tempo, uma anterior à outra).

Recorre-se a ele, invocando-o, para resolver problemas de saúde, como auxiliar dos médicos, pedindo para que o Santo funcione como iluminador da mente dos profissionais e acertem com o tratamento indicado, receitando e diagnosticando de forma certeira e precisa. Sua saudação é *Atotô*; este vocábulo serve como saudação e também como meio oral para prevenir-se contra alguma doença; o povo acredita na influência dessa palavra, no que ela significa. Outras de suas saudações mais conhecidas são *Ambao Xapanã*, *Zapatá* ou *Chapaná*.

Este Orixá é muito popular e é conhecido como o Santo que cura da peste e da varíola. Dizem que seu corpo fica totalmente coberto porque, por baixo de sua vestimenta, sua pele tem seqüelas de doenças eruptivas como as mencionadas. As histórias contam que este Orixá percorreu uma por uma as aldeias, curando os doentes e recebendo em si a descarga energética das doenças de que eles sofriam.

Suas cores são os tons de azul-violeta, dependendo da Nação Africana que o cultua, pois outras lhe dão como cor o preto e o branco, conjuntamente.

É sincretizado com Nosso Senhor Jesus Cristo, devido ao grande sofrimento que Ele teve que passar na Cruz (como o provam as 7 chagas de Cristo) e ao grande poder de curar que teve Nosso Senhor, que transmutava essa dor em amor. E também com São Roque e São Lázaro, de acordo com sua passagem ou vibração.

Dizem que, na maioria dos casos, ele deixa em seus filhos uma marca de nascimento, em geral nas pernas, em forma de cicatriz ou pequena mancha, e lhes confere uma personalidade tímida, com grande poder de concentração e análise, e a capacidade de predizer qualquer indício de doença.

Devido ao seu grande poder de concentração, sua análise é crítica e, às vezes, seus comentários podem chegar a ser muito ácidos, nada insinuantes, mas diretos e cortantes.

Significado

Alto senso de fraternidade e espiritualidade. Temperamento caridoso e humanitário; espírito de serviço. Imaginação forte e mente organizadora. Hipersensibilidade à dor física e espiritual do próximo, compadecendo-se dos outros, procurando prestar toda a sua colaboração, atitude que aumentará com o decorrer do tempo.

Uma doença que chega ao seu fim. Recuperação e melhora de um estado. Intervenção nas articulações e nos ossos; sua influência se estende ao nível dermatológico.

Carta rodeada por outras de significado negativo: Podemos interpretar a leitura como doença e processo de psicossomatização. Ostracismo e solidão. Mutismo. Introspecção, reclusão. Problemas psicológicos, de conduta e de comunicação. Consulte especialistas na matéria (psicólogos, psicoterapeutas, etc.). Faça um *check-up*. Observe os sintomas, por menores que sejam, e recorra ao seu médico.

Oração a Omulu — Xapanã — Babaluaiê

Omulu, Xapanã ou Babaluaiê
Filho de Naná Burucu,
O traje de palha-da-costa
Não deixa adivinhar o teu corpo ou imagem,
Ajudando-te a esconder debaixo dele
As feridas e males psicoespirituais.
Que todos os que têm fé em ti
Sejam curados de todas as dores e males.

Atotô, afasta de mim,
Dos meus queridos e de....
Todas as doenças.
Faço o mesmo pedido a São Roque
Assim como pedimos a São Pantaleão que cure as feridas,
Assim como São Brás é invocado para curar as doenças da garganta,
Peço-te que removas os espinhos
Que me fariam sangrar e que
Retires de mim as dores
Que possam me perturbar.

— Zolrak

Obá

    Uma figura de dançarina, pequena, estilizada, quase etérea; caminha sobre as rochas e águas, dando a sensação de que ouve ao longe uma música marcial, com ritmos rápidos e marcados.
    Em uma mão segura uma pequena espada parecida com uma faca do mato, e, na outra, um escudo que cobre parte de sua cabeça.
    Toda a sua vestimenta nos faz lembrar uma armadura, prevalecendo as cores de aço e rosa (esta última é a cor atribuída ao Orixá). Ela foi a patrona do rio do mesmo nome na África, e a primeira esposa de Xangô, fiel companheira e muito ciumenta de seu marido.
    Conta-se uma lenda na qual Obá, querendo conservar o amor de seu esposo e seguindo instruções e conselhos de Oxum (outros dizem que a inoportuna conselheira foi Iansã), corta uma orelha (por isso essa parte de seu rosto está coberta por um escudo) e prepara com ela uma sopa muito apreciada por Xangô, chamada *caruru*, com esse ingrediente especial que funcionaria como uma espécie de *ebó*.
    No entanto, e contrariando os vaticínios de sua assessora, quando seu esposo chegou em casa e notou que a cabeça de Obá estava coberta e protegida por um pano branco, estranhou e perguntou a que se devia essa atitude e imediatamente

também a interrogou sobre o que havia para saborear. Obá, fazendo-se de desentendida, não lhe respondeu e continuou fazendo o seu serviço habitual, como se não tivesse ouvido nada.

Xangô percebeu que alguma coisa estranha estava acontecendo, e por isso decidiu descobrir o enigma por si só e, com um movimento brusco, tirou a espécie de turbante que cobria a cabeça de sua mulher, reparando que lhe faltava uma orelha.

Diante dessa situação, Obá contou-lhe tudo o que havia planejado e realizado, causando no marido um grande aborrecimento e repugnância, motivo pelo qual nunca mais conviveu com ela, passando depois seus dias com Iansã.

Interpretando a lenda, podemos observar como os Iorubás exemplificaram a conduta humana de maneira prática e simples.

A automutilação de Obá representaria uma causa para cercear sua felicidade, "não ouvindo" dessa forma o que o seu raciocínio e sua escala de valores lhe indicava, ouvindo os maus conselhos de uma interesseira e suposta amiga. Ela quer agradar e de certa forma comprar o amor, de uma maneira apetecível e "digestiva" (já que o objeto utilizado como atrativo é algo comestível), transformando esse fato em algo material, afastando-se do lado espiritual do amor de um casal. Mas ela se esqueceu de que a justiça é incorruptível, que não é vulnerável à sedução, nem pode ser comprada com presentes ou pratos saborosos.

Obá é sincretizada com Santa Joana D'Arc, com Santa Catarina e com Nossa Senhora da Candelária.

Significado

Grande espírito de luta e de sacrifício. Paixão e amor sem premeditação. Mulher, amante, noiva fiel e companheira. Exímia dona de casa; profissional que trabalhará arduamente em sua tarefa, tratando o próximo com desvelo.

Carta rodeada de outras pouco favoráveis: Mutilação, ciúmes doentios. Acidentes com objetos cortantes. Cirurgias e operações imprevistas. Extirpação definitiva de algo por necessidade, o que não será compreendido e acarretará tristezas e desgostos, tanto no plano comercial (demissões, fechamento de empresas, corte de prêmios) como no industrial (fechamento de fábricas, estabelecimentos, mudanças operacionais, etc.).

Oração a Obá

Obá, que por amor presenteaste
O que achavas mais precioso para o ser amado,
Não permitas que uma arma cortante
Cerceie o amor de minha futura...
Que causem feridas em meu corpo
Ou em qualquer outra coisa viva.

E se, porventura, outros olhos a olharem,
Espero que meus olhos não chorem por ela.

Com a tua ajuda os rivais não temerei,
Com a tua força eu os vencerei.
Armas afiadas, para mim não representarão perigo.
E faze que todo aquele que contra mim vier
Compreenda que ninguém escapa ao que
Semeia.

E que no fluxo e refluxo de nossas vidas
Teremos felicidade, paz ou mentiras.
De acordo com a semente que plantarmos
Será a bandeira que hastearemos.

Que ninguém corte com foice ou navalha afiada
O que o amor luxuriantemente
Nos prodigaliza a cada instante.

Protege a mim .... e a ....
Para que nada e ninguém nos separe.
Salve e reine Obá.

— Zolrak

Oxumaré

Vemos a figura de uma serpente (*yin*, feminino, o frio, o negativo, a lua) e um arco-íris (*yang*, masculino, o quente, o positivo, o sol), uma árvore onde, após acalmar-se a chuva, Oxumaré se refugia, com sua forma feminina; ao seu lado, o sol, que possibilita a formação do Arco-íris através da evaporação das águas. Este último, com suas 7 cores, dá um toque de enorme beleza no céu.

Oxumaré nasceu da união de Oxalá e Naná Burucu (a mais velha das mães da água em irradiação; seria uma Iemanjá, a mais ancestral de todas), ou seja, a união do céu, da terra e da água; portanto, sua influência se acha nas três, e como podemos ver, assume duas formas e duas essências diferentes, tendo o poder de variar, da transformação, de subir e descer, do enfrentamento e, ao mesmo tempo, da união dos opostos, por conter em si mesma o masculino e o feminino.

Apresenta-se na natureza regendo seis meses como forma feminina e os outros seis como forma masculina, estando ligado a ela o arquétipo psicológico da bissexualidade.

Na carta de "A Terra" vemos como há uma serpente que a rodeia. A seguir, veremos mais detalhadamente o porquê desse simbolismo: se a serpente morde sua própria cauda, dá-nos a idéia de círculo, de circunferência, de orbe, da Terra; e também da representação do tempo e da eternidade (com esta forma foram encontradas moedas do Império Romano, em cuja parte central às vezes figurava um relógio de areia), o que nos fala do cíclico, de etapas, de períodos. Um ditado muito popular diz que "depois da tempestade vem a bonança". E é realmente assim: depois da tempestade há sempre um arco-íris, que nos deixa a esperança de um contínuo ir e devir. Não esqueçamos que, como dissemos anteriormente, a serpente é o símbolo da transmutação, e é uma das poucas espécies que trocam de pele (acho que esta e outras considerações semelhantes levou o pensamento místico do antigo povo Iorubá a comparar esta energia ou força com esse animal; mas é preciso lembrar, para que não haja confusões ou mal-entendidos, que esse povo nunca rendeu culto ao animal em si).

Acrescentamos à idéia do círculo tudo o que se modifica, não permanece quieto, é variável e está sempre em movimento. Esse é o motivo pelo qual associamos este conceito ao movimento de rotação da Terra.

Sua figura também foi adotada pela medicina. Nesse caso, a serpente se enrosca ao redor de uma taça e os gregos também a lançam no símbolo que pertence a Mercúrio (filho de Júpiter e da ninfa Maio), deus mercantil, inventivo, que sobressai por sua diversidade e fascínio (típico das serpentes), a quem Apolo (seu irmão) dá de presente um cajado de ouro que regia a fortuna e o dinheiro (o caduceu onde há duas serpentes entrelaçadas, terminando num par de asas — da terra ao céu).

Da cópula de Mercúrio com Vênus nasce Hermafrodita (ver o significado da sexualidade de Oxumaré), que era um jovem lindo, mas insensível às paixões, e por não corresponder a Salmacis, dona da água de uma fonte onde ele tinha se detido, esta, magoada com a indiferença do belo jovem, pede aos deuses que unam seus dois corpos, formando um só. E, dessa forma, uniram-se os dois sexos em um só corpo. Tanto no céu como na terra, serpenteando, arrastando-se, ele tem a esperança do ressurgimento, de um novo começo e de, assim, continuar. Este não é um pensamento estrutural, determinista, fatalista, muito pelo contrário: dá a oportunidade de voltar a começar, base da teoria da reencarnação.

> O que se considera cegueira do destino é, na realidade, a nossa própria cegueira.
>
> — William Faulkner (1897-1962)

Os iogues hindus também falam de uma serpente, que chamam de Kundalini, e é uma energia que deve elevar-se a planos superiores e energizar os sete centros de energia chamados chakras. Descrevem-na como uma serpente que dorme no chakra fundamental, básico ou da raiz, situado na base da espinha dorsal e que, mesmo nesse estado, confere força vital ao ser humano.

Significado

Riqueza, abundância, prazeres materiais, mudanças favoráveis, transmutação. Viagens curtas (em tempo, duração e/ou distância). Negócios prósperos. Sutileza, diplomacia, política. Um *expert* no campo das comunicações orais, escritas, visuais. Grande líder de grupos, convenções, massas, com grande poder de sedução no olhar, nas mãos, na voz ou na palavra, que o converterá numa pessoa grandiloqüente.

Capacidade para fazer duas coisas ao mesmo tempo, versatilidade. No entanto, por ser uma carta totalmente mutante ou dual, pode significar perda do dinheiro investido, mudanças desfavoráveis, sossego e estagnação, projetos cortados. Impulsividade. É evidente que tudo isso dependerá das cartas que acompanhem a sua leitura.

Se ocorrerem esses altos e baixos, é preciso levar em conta que:

> Os que realmente sabem viver são aqueles que se comparam fundamentalmente com os que vivem pior do que eles.
>
> — André Maurois (1885-1967)

Oração a Oxumaré

Na forma de arco-íris ou serpente,
Protege-me hoje como em todos os dias
Dando-me sorte e alegrias.
Oxumaré, arco-íris brilhante,
Ou como serpente ondulante,
Faze com que minha carreira ou profissão
Sejam sempre triunfantes.

Não permitas altos e baixos na minha carreira
Ascendente.
Faze como os teus braços que, depois
Da chuva transparente, deixa fulgores no céu,
Tingindo-o com cores resplandecentes,
Alcançando altura e dignidade,
Mas também tenacidade, e a obrigação
De baixar à terra
Com a tua outra forma, a tua outra essência,
Mas sempre com inteligência e empenho,
Para que nem os ventos do furacão
Possam derrubar meus sonhos mais queridos.

No outro extremo do teu arco
Haverá um pote com moedas de ouro;
E se a tua cauda se junta à tua cabeça,
O princípio e o fim se tornarão um.

— Zolrak

Oxum

Uma mulher extremamente bela, adornada com jóias de ouro (o metal de suas pulseiras, colares, coroa), impõe com doçura sua presença, num de seus hábitats, ao pé de uma cachoeira.

Oxum é a energia que impera nos rios, cachoeiras, riachos, em toda corrente de água doce natural.

É o Orixá feminino mais doce (outros pensam que Iemanjá é a mais doce), filha de Oxalá e de Iemanjá. E como todos os rios dão no mar, no final ela fundirá sua essência com a de sua mãe, a qual a espera para que, na sua imensidão, Oxum represente o pensamento íntimo de feminilidade da psique humana.

Oxum é muito vaidosa e, como toda mulher, gosta de perfumes, de arrumar-se muito, de jóias, etc. É sensível demais e seus filhos são altamente emotivos, chorões.

Entre os Orixás Iorubás, muitos dizem que ela é a "Grande Maga", a que sabe muitos *ebós* (trabalhos feitos e trabalhos mágicos) e o fundamentam dizendo que ela chega aos pés do seu pai, pedindo ajuda e consolo com a mais cálida e delicada inflexão na voz, acompanhando esta atitude com alguma lágrima, conduta que comove e mobiliza os sentimentos de Oxalá ou Obatalá, e, por fim, consegue dele as *mirongas** (os segredos) maiores.

---

* *Mirongas*: termo muito usado em rezas e cânticos no Brasil.

Oxum é dona do ouro, do mel, da cabaça (em zonas da América Central, muitos acreditam que abster-se de comê-la é uma grande honra oferecida à Santa, que, em recompensa, os beneficiará com sua ajuda na parte econômica).

Na maioria das vezes, recorre-se a ela para pôr ordem nos desencontros amorosos e sentimentais; para adoçar alguém, apaziguar e amenizar alguma situação; e como Oxum ama e cuida das crianças, pede-se por elas em relação a seus estudos, ao seu comportamento em casa, ou para que uma mulher fique grávida, ou qualquer outra coisa que tenha ligação com a infância e a adolescência.

Sua zona de influência no corpo humano é principalmente a do baixo-ventre. Contam as lendas que, na África, ela foi Rainha do rio que tem o seu nome.

Assim como é protetora, é também muito ciumenta de tudo o que lhe pertence, cuida excessivamente de seus presentes, pois se apega com muito carinho às coisas que lhe foram dadas com amor.

Suas cores são quentes, e vão do amarelo pálido até o dourado, adquirindo também conotações ou pigmentos avermelhados, chegando à cor laranja. Ela é a Vênus dos Iorubás e é sincretizada com a Imaculada Conceição de Maria; na América do Sul e na América do Norte e Central, é conhecida como a Virgem da Santíssima Caridade do Cobre. Na realidade, afirmam que a cada representação da Virgem Maria corresponde um aspecto de Oxum ou Ochum. Seus festejos se realizam, de acordo com o lugar, no dia 15 ou 8 de setembro, ou no dia 8 de dezembro.

Quando se incorpora em algum de seus *omorishás* (filhos de Santo), sua dança é extremamente feminina, e descreve com movimentos amplos dos quadris e dos braços o ritmo incessante e sem interrupção de seus rios, como se limpasse seu médium com suas "Águas".

Significado

Amor, doçura e feminilidade.

Conhecimentos ocultos, pesquisa e planejamento. Dotes mediúnicos e hipersensibilidade. Psiquismo. Mentalismo.

Pode representar uma pessoa interessada na medicina, seja ela ortodoxa ou não, e em temas sociais, mas geralmente vinculados com a área científica.

Uma mulher, esposa ou namorada que saberá como expressar sua opinião, arrogância ou agressividade, tranqüilamente. Sutileza e distinção.

Carta rodeada por outras de significado negativo: vaidade, orgulho, falta de moderação, teimosia. Conflitos no amor. Falta de sutileza.

Oração a Oxum

Dourada é a tua estrada de luz
Assim como o ouro que te pertence.
Derrama a tua pureza cristalina,
Orixá das águas doces.
Não permitas que neblina alguma

Obscureça o meu desejo mais profundo,
Que é conseguir amor verdadeiro,
Seguro, eterno e duradouro.

Estás presente nas cachoeiras,
Que são sagradas por si só.
Portanto, faze com que se apague
Todo sentimento se eu sofrer.

Não verterei nenhuma lágrima por aqueles
Que não me correspondem no amor.
Não sofrerei por ninguém
Que, com mentiras, me faltar com o respeito,
Porque não permitirás que
Frieza, inveja ou ciúmes me traiam.

És doce, protetora,
Suave e vaidosa,
Feminina e sedutora.

Ó mãe Oxum! Dá-me o teu *axé*,
Dá-me a tua força, dá-me a alquimia
Como o néctar mais sublime,
Para eu saber como respeitar e venerar.

No mel está o teu segredo,
Que eu saberei utilizar.

— Zolrak

Iemanjá

Uma bela mulher que se realça entre as ondas. Por sua grande beleza, riqueza espiritual e também material (já que o mar é um dos reinos mais ricos e extensos, mais prolíficos — ocupam mais de 70% da superfície da Terra). Quase dançando, com sutil curvatura de braços, dá-nos a impressão de estar acompanhada por doces e afinadas melodias que surgem da sua própria essência.

Com uma mão segura um pente (feito de ostras marinhas) que utilizará para pentear-se diante do espelho (formado por caracóis), o qual é segurado pela outra mão. Sua coroa é de prata (o seu metal), de búzios ou cauris. Em seu centro, uma estrela-do-mar, um colar do mesmo metal que termina num peixinho de prata, com um dos peixes que povoam seu território. Enfeitada de pérolas (como gotas de seu purificado elemento), que lhe dão um ar principesco. Sua figura se apóia comodamente sobre uma concha do mar.

Seu reinado é um dos mais importantes, pelo que já mencionamos, mas também pela antiguidade desta energia na Terra, já que em sua origem tudo era um oceano, ou seja, líquido sobre toda a crosta terrestre durante milhões e milhões de anos.

Pode-se dizer então que dali se originou a vida; por isso, consideramos "Iemanjá" como mãe de todos os outros Orixás (exceto alguns poucos, cuja autoria materna seria Naná — uma Iemanjá mais antiga).

Mas, o que aconteceu com a água de seu mares que hoje deixaram de existir? Pois bem, tudo se transforma, nada se perde; a energia não pode desaparecer. Assim diz a Lei da Conservação da Energia. Mesmo em transformações de origem radioativa, que resultam em elétrons muito pequenos, tudo é energia. E esta se encontra em diversas formas ou maneiras e em todas as coisas (alguns indígenas chamam este fenômeno de *Manitu*, o espírito das coisas). Einstein demonstrou que até a matéria é energia.

Voltando ao Orixá de águas salgadas, diremos que antigamente sua energia presidia o rio Ogum, na África (este rio não tem nada a ver com o Orixá do mesmo nome). Uma das lendas contadas de boca a boca (a transmissão oral é a mais freqüente, para contar a história dos Orixás) afirma que de seus peitos (daí sua voluptuosidade) brotaram todas as águas, criando todos os outros Santos. Tem vários sincretismos, no Brasil como "Nossa Senhora das Candeias", em regiões sul-americanas de língua espanhola, "Virgem dos Navegantes e dos Pescadores", a *Stella Maris*. No Caribe e na América do Norte, é "Nossa Senhora da Guia".

No fim do ano, todos os que conhecem o seu poder e bondade, jogam flores no mar para ela, como oferenda, agradecendo o ano que acaba e pedindo sua proteção para o que se inicia; mas, a maior de suas festas é celebrada no dia 2 de fevereiro, data em que podem ser vistos pequenos barcos que se internam no mar, geralmente pintados de azul, enfeitados com flores, velas, perfumes e presentes, destinados à Rainha do Mar.

Magnânima em suas decisões e pensamentos, também o demonstra ao baixar em algum de seus filhos (o médium que a incorpora), em seus movimentos elegantes, ondulantes, poderosos e acusticamente silenciosos, tal como suas águas.

Suas cores estão dentro dos tons de azul, que vão do azul-claro até o azul-marinho e os tons prateados. Um de seus enfeites e atributos é um leque, chamado *abebé*, podendo ser de metal prateado ou prata, ou de qualquer outro material que tenha suas cores e emblemas.

Iemanjá, junto com Oxalá ou Obatalá, é um dos Orixás mais queridos e respeitados. E, por ser a mãe de todos e estar relacionada com a maternidade (atributo que divide com Oxum), vamos falar sobre isso. O período de gravidez para as antigas mulheres africanas era restritivo demais em muitos aspectos, já que, por exemplo, a atividade sexual diminuía notadamente devido à crença de que, de forma contrária, o bebê teria problemas no nascimento e na sua vida futura; que a mãe não teria leite suficiente para amamentá-lo. Tudo o que estivesse em estado de "impureza" era evitado no momento de dar à luz (mulheres menstruadas, álcool, pessoas agressivas, etc.) e, através de rezas, de ervas naturais usadas para purificação ou com finalidades medicinais, faziam com que o ambiente estivesse energeticamente protegido. Assim como a mãe, o novo ser e as mulheres que assistiam como parteiras estavam protegidos e amparados.

O comportamento da mãe (roubo, infidelidade, tensão nervosa, maus hábitos, etc.) poderia ser uma obstáculo para o nascimento.

O cabelo do recém-nascido, assim como seu cordão umbilical, suas unhas, a placenta que o acolheu, são elementos fundamentais para serem cuidados e guardados por seus pais, com muito zelo (estes representam genética e energeticamente o ser, conservando seu fluido pessoal, irrepetível em outro, com as mesmas características de informação e formação), enterrados no pé de uma planta sem espinhos (que refletem dor, inconvenientes) ou de uma árvore, para que estas cresçam com vigor e saúde, se reproduzam e sejam pródigas em frutos, como acontece com as crianças, e as proteja sob a sua sombra, acreditando que, através de suas raízes, descarregarão na terra todas as tensões e energias negativas.

Esses elementos também podiam ser entregues ao Orixá, cuja proteção fora invocada nesse nascimento, pedindo que abençoe o recém-nascido desde o plano Astral.

Isto quer dizer que, durante os 9 meses de gravidez, a gestante tinha assistência médica, familiar, espiritual, invocava e pedia a proteção de seus antepassados; nada era descartado ou desconsiderado.

Significado

Mulher respeitada, mãe carinhosa ou estado maternal. Gravidez, parto. Casamento, enlace ou compromisso. Digna mandatária, zelosa da sua posição e responsável, tratando-se de seus deveres e atribuições. Hipersensibilidade à dor física e sentimental. Esta carta rege as zonas erógenas e reprodutoras femininas, e tem influência no aparelho circulatório e urológico. Riqueza e bem-estar material. Uma pessoa que desfruta das honras, da boa vida, do luxo, sem cair, porém, em frivolidades, já que tem um alto sentido social e humanitário. Empresa próspera.

Carta rodeada de outras de significado negativo: Pode ser interpretada como: perda de valores e bens, algum distúrbio físico nas zonas corporais mencionadas. Falência ou fechamento de alguma empresa. Irritabilidade de uma pessoa superior a nós, com a qual é melhor desculpar-nos, pois certamente o motivo de sua irritação é justificado. Divórcio ou separação.

> O mole é mais forte do que o duro; a água é mais forte do que a rocha; o amor é mais forte do que a violência.
>
> — Hermann Hesse (1877-1962)

Oração a Iemanjá

Ó mãe das águas!
Grande é o teu poder, a tua força e a tua luz.
Grande é o amor que tens pelos teus filhos,
Como a sabedoria com que governas
Desde todos os oceanos e mares.

Faze com que o meu pedido chegue a ti,
E faze-me o favor
De afastar do meu caminho os inimigos
E de acabar com os meus temores.

Que não chegue ao meu lar a tristeza.
Nem mágoas ou pesares.
Que a tua grandeza seja

A maior riqueza
Que me concederás.

Salve, Iemanjá, dona Janaína,
Seja qual for o teu nome,
Sejam quais forem as praias e costas
Que as tuas águas beijaram.

Seja qual for o ritmo incessante
De tuas ondas, de teus mares
Deposito em ti a minha fé
Como parte da criação
De Deus nesta terra.
E é por isso que te peço.....
Porque sei que o meu pedido será atendido
Se é justo e bem-merecido por mim.

— Zolrak

Oxalá ou Obatalá

O mais importante e querido, o mais respeitado e valorizado, o mais amado de todos os Orixás, nosso Pai Oxalá ou Obatalá.

A carta que o representa está dividida em duas cenas. Na parte inferior, vê-se Oxaguiã (um aspecto de Oxalá, mais jovem, sincretizado com o Menino Jesus), um Obatalá caminhador, que sucedeu, na seqüência do tempo, ao primeiro Orixá. O Oxalá mais velho, chamado Oxalufã, é mostrado na parte superior da carta. Ele é quem reinou sobre todas as cartas desde o princípio dos tempos. Foi ele quem criou o nosso planeta. Ele é sincretizado com o Sagrado Coração de Jesus, com a Virgem das Graças — no Caribe — com Jesus de Nazaré e o Senhor do Bonfim, no Brasil.

Tanto num aspecto como no outro, seu significado é o mesmo. A diferença está no que já foi exposto: um imperou antes, delegando depois parte de suas tarefas, mas sempre guiando-as, controlando a sua realização. Mas a energia é uma só, e responde por ambos esses aspectos.

Obatalá ou Oxalá é o pai de todos os Santos ou Orixás; portanto e, por um caráter transitivo, é nosso pai também.

Da sua união com Iemanjá nasceram quase todos os outros, exceto alguns Santos, como já foi dito anteriormente.

Ele representa a força da Pureza e é a exaltação e a manifestação do bem em todas as suas concepções. Ele recebe o Poder Supremo de Olorum, de Olofin ou de Deus Todo-Poderoso.

É associado com "A Brancura", e todas as coisas brancas lhe pertencem. É por essa razão que rege, no Homem, os ossos, os dentes, a mente (órgão físico-espiritual, considerado branco), e por ser Ele, junto com Ifá (Orixá da Adivinhação) e Oxalá Oromilaia (um tipo de Oxalá dotado de clarividência, conforme algumas Nações), que podem desvendar-nos o futuro, pois nada escapa à sua visão. Alguns o comparam a Santa Luzia, pelo fato de também ter correlação com os olhos.

Portador de Paz e da benevolência, é símbolo de sabedoria, inteligência e engenho, tendo o conhecimento dos tempos, características que parece transmitir a seus filhos, àqueles que têm a sorte de tê-lo como seu Santo, seu Orixá de frente ou de cabeça, isto é, seu guia espiritual.

Como dissemos anteriormente, em Cuba e na América Central ele é conhecido como a mãe de todos os Santos, sincretizando-a com a Virgem das Graças, mas também lhe conferem um aspecto masculino, razão por que é conhecido como "Babá" (Pai) em íntima correlação com Olofin.

Oxalufã sentado em seu trono, com dignidade de um verdadeiro rei, desde a eternidade sem fim rege os princípios da moral e espiritualidade necessários para atender as altas aspirações e desejos da humanidade. Uma pomba, como reflexo da sua alma, representa o Espírito Santo ou a essência do Orixá, símbolo de perdão. Veste-se de tecidos brancos, imaculados, bordados com fios de prata (o seu metal). Usa braceletes e uma coroa que lhe cobre o rosto, feita do mesmo material ou de outro material prateado. Numa das mãos, segura o *Paxoró*, seu cetro, que termina em uma bola em forma de mundo, coroada com a pomba.

Quando Oxalufã baixa à Terra, ele é um dos Orixás que não gosta de dançar. Ele preside, rege e governa nos *candomblés*, nos *güemileres* (aí com a denominação de Obatalá) ou festas de Santo. Sentado, como na imagem, calado e tranqüilo, seu silêncio é revelador. E, embora desconcerte, ele tem uma linguagem, pois o verdadeiro sábio sabe ouvir, calar e esperar.

Abaixo dele, caminhando pela praia e recebendo os raios do Sol, vai Oxaguiã. Ele é comparado ao Sol por ser o Sol do centro do sistema que tem o seu nome e porque ele é o doador da vida, pois sem o Sol nada poderia existir. Suas roupas são semelhantes e ele segura numa das mãos uma flor de algodão (planta que lhe pertence e à qual confere um caráter sagrado, sendo muito respeitada e cuidada, porque se acredita na influência do Santo sobre a mesma). Na outra mão, ele segura uma espada. Quando se incorpora num de seus médiuns, Oxaguiã gosta de se movimentar, e mostra isso dançando. Em contrapartida, isso não acontece com Oxalufã, pois é tão grande a energia que detém por seu poder ancestral e magnanimidade, que o corpo do Omorixá caminha como um velhinho, com uma postura inclinada, com pequenos tremores no corpo.

Obatalá ou Oxalá rege o céu, o mar e a terra. Seu poder é enorme, mas é considerado um dos Orixás da água, junto com Iemanjá, Naná e Oxum.

Seu dia na semana é quinta-feira, para os afrocubanos, ou sexta-feira, para os afrobrasileiros. Seus filhos, nesses dias, abstêm-se de relações sexuais, de bebidas alcoólicas e de carnes vermelhas por respeito ao seu Orixá e para que seus corpos tenham condições vibratórias para receber toda a sua influência benéfica. Outros afirmam que seu dia é o domingo. Na realidade, existe a crença de que o primeiro dia da semana é de todos os Santos, e é presidido por Oxalá.

Ele é o Orixá da criação e da procriação, pois recebeu ordem de seu pai Olorum para moldar os primeiros homens. Sua festa é celebrada no dia 24 de dezembro, no Natal, no dia 1º e 19 de janeiro, podendo variar estas datas de acordo com a linha da transmissão.

Afirmamos acima que as cartas dos Orixás, embora possam sair invertidas quando misturadas, são interpretadas como se estivessem na posição correta, pois acreditamos que, por respeito, esta é a única posição possível para as forças do Bem e da Luz, e que quando estavam acompanhadas de cartas pouco prometedoras ou pouco benéficas, tinham outra interpretação. Pois bem, a carta de Oxalá ou Obalatá, mesmo rodeada de cartas desfavoráveis, nunca muda ou modifica o seu significado, por ser ele o primeiro reflexo de Deus.

Significado

Pai bondoso e arquétipos paternos positivos. Posição de mando e autoridade. Juiz justo, letrado, soberano ou governante bondoso. Inteligência e sabedoria. Atividades em que intervém o raciocínio. Lucidez mental. Proteção divina. Caminho espiritual, espírito caridoso e cristalino. Paz e felicidade plenas. Mestre, professor e todo forjador de mentes pensantes. Mestre iluminado. Sacerdote que cumpre seus deveres de acordo com os preceitos da Verdade e da Justiça, inspirado pelo Amor e pela Fraternidade. Esta carta o põe a salvo de todos os perigos e inconvenientes de qualquer natureza.

Oração
a
Oxalá ou Obatalá

Eu te chamo de rei dos reis.
Teu reino é o Céu.
Tua glória, a esperança;
Fé e caridade, a tua bondade,
Pai de todos os santos,
Pai de tudo o que é bom, de tudo o que é branco,
Teu emblema é a paz.
Dá-me sabedoria para compreender o que
não pode ser compreendido,
Dá-me a palavra justa para quem quiser escutá-la,
Dá-me paciência e resignação, para poder superar
Qualquer dor.

Dá-me paz de espírito
Quando a ira quiser ser minha conselheira e amiga.

Dá-me tua bênção para suportar com altivez
O que o meu karma me tiver destinado,
Pois eu fui quem o criou ou deixou que o criassem,
Porque somente eu poderei repará-lo,
E ninguém mais, mesmo que eu o quisesse.

Porque o prêmio reservado para mim
Será o que eu merecer, e nenhum outro.
Pai Obatalá ou Oxalá, cuida de mim e de......
De noite e de dia,
Acordado ou enquanto durmo.
Confio no teu *alá*, o teu manto protetor;
Confio no teu poder, soberano redentor.

— Zolrak

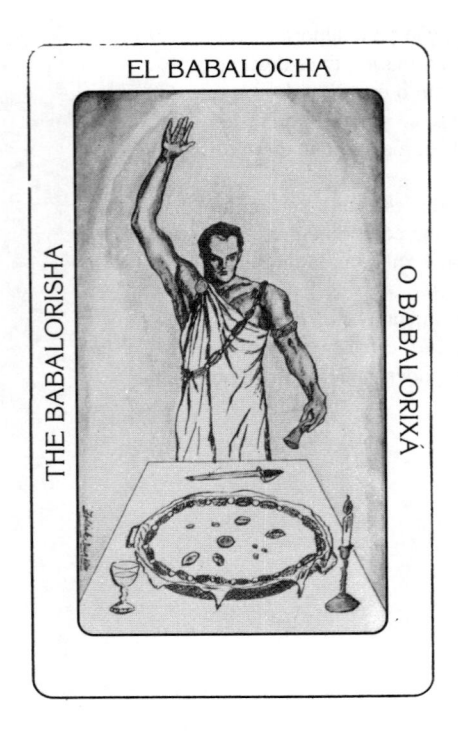

O Babalorixá

Esta é a carta do sacerdote, que é visto com uma mão estendida para o céu — pedindo misericórdia, iluminação e, em sinal de respeito, saudando os Orixás —, e a outra com um sininho, com o qual pede a ajuda de todos os Santos.

O som do sino é altamente vibratório e é usado por quase todas as crenças para afastar qualquer elemento espiritualmente nocivo. Uma mão para cima, como se quisesse atrair a energia suprema, e a outra para baixo, dirigindo essa energia para colocá-la a serviço do Homem e de seu auto-aperfeiçoamento.

Sua vestimenta, quase sem ouropéis, não lhe tira a suntuosidade. Sua túnica branca alude ao principal dos Orixás ou Santos (Oxalá ou Obatalá), pois esta é a sua cor e representa o grau espiritual elevado de quem recorre aos Orixás para qualquer função ou tarefa dentro do africanismo. Isso pode incluir os preceitos de não comer carne vermelha nos dias de Obatalá ou Oxalá, e no dia do seu Santo ou Anjo da Guarda, além de não tomar álcool e de não manter relações sexuais. Todas essas proibições passam a vigorar pelo menos sete horas antes de se realizar qualquer ato religioso. Um broche que prende a túnica, podendo ser de qualquer material e cor afim com o seu guia espiritual; no braço esquerdo, ele usa uma guia contra *egunes* ou *eguns* (proteção contra espíritos desencarnados de baixa vibração espiritual ou perturbadores, que, na realidade, são denominados *kiumbas*) enfeitado com búzios (conchas marinhas trazidas da Costa Africana).

Sobre a mesa, uma *panela*, ou cestinha coberta com um pano branco, o guia imperial (colar formado por contas de miçangas de diversas cores; estas, e suas diferentes combinações, representam cada um dos Orixás); uma pequena espada que cortará tudo o que for negativo ou perturbador (representando o elemento Ar), uma taça como elemento receptivo, como um cálice contendo água para que aja como elemento puro, catalisando nela as negatividades que o consulente puder ter; a vela como elemento de iluminação espiritual e representando o fogo, e uma moeda dentro da cestinha (conhecida como *panela*, no Brasil) representando o elemento terra.

Em síntese, o Babalorixá (Babá, Pai; Orixá, Santo) ou Babalochá (Pai ou Sacerdote Maior na Regra de Ochá, do qual a palavra "Ochá" significa Santo na língua Lucumi) pode controlar os quatro elementos da Natureza através do *axé* ou *aché* (força ou poder) que lhe é conferido pelo seu Anjo da Guarda, que intercede junto de Deus para que assim aconteça.

Significado

Homem virtuoso, sensato, justo, sábio em seus conselhos e decisões; psicologia profunda e emotiva que chegará ao mais profundo da sua psique e do seu coração. Proteção total contra todos os males. Paz e espiritualidade. Solidariedade. Pessoa comedida, cautelosa e, sobretudo, com uma grande capacidade de meditação, poder de concentração e de vontade.

Bom senso, que deve prevalecer diante de tudo: do contrário, ele não poderia realizar nada do que se espera dele ou do que lhe é pedido.

Esta carta aconselha perseverança, vontade e análise do objetivo proposto. Para isso, deixe que prevaleçam o seu espírito e a sua mente sobre a matéria. Acredite firmemente num poder superior (no Deus Todo-Poderoso), única maneira de triunfar.

> Há mais coisas entre o céu e a terra do que sonha a nossa filosofia.
>
> *Hamlet*, Ato I, Cena 5

Apesar da importância desta carta e do personagem que a representa ou a protagoniza, devemos recordar que o sacerdote, de qualquer religião, é uma pessoa comum, como qualquer outro ser humano, com as mesmas necessidades e características. Portanto, apesar do seu posto ou do seu papel, podemos levar em conta o significado da carta quando esta estiver invertida.

Apesar disso, cabe esclarecer que, no caso de um sacerdote das linhas afro-americanas, quando o seu modo de agir não está correto ou começa a não se enquadrar dentro da Verdade e Justiça, perde todo o seu *axé*, pois o que vem de Deus não pode tornar-se vil nem deturpar-se. Nesses casos, além de perder a sua Graça, Força e/ou Poder, ele perde o seu Anjo da Guarda (seu Orixá) e todos os seus guias espirituais, perdendo o seu caráter de sacerdote.

Ser sensato é a máxima virtude e é sabedoria dizer a verdade e agir de acordo com a natureza.

— "Fragmento", Heráclito

Invertida: Falta de fé ou de confiança em si mesmo. Seu materialismo está triunfando. Não deixe que isso aconteça. Por encontrar-se nesta situação, sua proteção é fraca. Impulsividade e incoerência.

Esta carta pode representar uma pessoa cujo papel na sociedade é importante, relevante, de mente poderosa, mas muito perturbada. Intranqüilidade de espírito.

Trate de evitar essa situação. Incapacidade, pois muitos são os chamados mas poucos os escolhidos. Isso pode aplicar-se a você e/ou para quem quer que tenha feito uma consulta, seja qual for o assunto. Inexperiência, egoísmo e egocentrismo. Demagogia.

... o ego humano pode sentir-se animado a experimentar atributos divinos, mas só à custa de superar-se e de fracassar. (Esse é o significado da história de Ícaro, o jovem que é levado até perto do céu, por suas asas frágeis e de feitura humana, mas que voa muito próximo do sol e se precipita para a sua própria destruição.)

— *O homem e seus símbolos*, C. G. Jung (1875-1961)

O Anjo Custódio

Um anjo etéreo, mas real, feminino em sua figura, que parece frágil, porém, na realidade, é forte em toda a extensão da palavra.

Realiza sua ação com os pés bem firmes na terra (realidade consciente), apesar de suas asas parecerem dar-nos a sensação de que está flutuando entre o céu e a terra (realidade subconsciente), vertendo água pura e cristalina (o conteúdo) numa vasilha de barro (o continente).

Isso quer dizer que o espiritual é, ao mesmo tempo, contido e compreendido pela matéria, combinação perfeita e experiência estimulante.

Esta carta é uma idealização figurativa do nosso guia espiritual, do nosso Anjo da Guarda ou Orixá.

Nela vê-se a combinação perfeita dos quatro elementos da natureza, ou seja: o Ar (representado pelas asas do Anjo), a Água (líquido contido nas vasilhas), a Terra (o material com que são feitas as mesmas) e o Fogo (representado pela faísca divina que o Anjo da Guarda possui pelo simples fato de existir). Por isso, dizemos que ele é um alquimista por sua essência e porque os grandes mistérios e conhecimentos são revelados na sua presença.

> ...Assim, a alquimia parece corresponder menos a uma ciência física que a um conhecimento estético da matéria, e deve ser colocada na metade do caminho entre

a poesia e a matemática, entre o mundo do símbolo e o dos números... De modo que é um grave erro explicar a alquimia a partir dos dados históricos do desenvolvimento da química.

— René Alleau, *Aspects de L'alchimie traditionelle*,
Ed. de Minuit, 1953

É uma figura realmente atraente, magnética pela sua força imanente, e o que ela atrai é o que há de maior: a beleza da alma. Agindo através de nossos canais mediúnicos, o que muitos chamam de sexto sentido, aconselha e guia o Homem para a sua evolução e aperfeiçoamento espiritual. Muitos costumam compará-la com a assim chamada "Voz da Consciência".

Significado

Posição correta: Paz, concórdia, encontro com nós mesmos, espiritualidade. Alquimia do amor, combinação perfeita e harmonia. Acordos, contratos, associações. Equilíbrio de pensamentos, opiniões, harmonização das coisas, etc.

Todas estas características serão mantidas se soubermos utilizá-las com absoluta fé e respeito; do contrário, a "alquimia" e o "mágico" falharão e o significado da leitura dependerá da combinação das cartas que a rodeiam.

Se for assim, pode significar desamparo e rupturas. Desacordos e desarmonias. Aproximação de influências ou energias perniciosas. Afastamento ou brigas com sócios ou associados, etc. Problemas ligados à comunicação.

O Casal

Um homem e uma mulher vivendo com total plenitude seu "romance". Sua postura reflete claramente essa situação. Há uma conjunção de sentimentos, ritmo e harmonia, como se, ao compasso de seus corações, estivessem dançando uma dança mágica que os envolve numa eterna beleza emoldurada por uma paisagem que os convida ao romance.

A mulher se encontra do lado esquerdo, representando a natureza e a posição *Yin*, que é sensitiva e sensual; há equilíbrio entre o sensorial e o extra-sensorial, entre o físico ou material e o etéreo ou espiritual, pois esse lado do coração é o lugar das emoções ou sentimentos e onde está situado o chakra cardíaco.* Toda esta zona é regida pelo lóbulo direito do cérebro.

O homem está do lado direito, representando a natureza e a posição *Yang*, a que transmite, é racional, masculina, forte, mais veemente e impulsiva; há o equilíbrio entre o sentido de proteção e o dever. Este é regido pelo lóbulo esquerdo do cérebro.

---

* Centro ou Canal por onde flui energia vitalizadora tendente a reger as emoções e os sentimentos.

Um sentimento de que um pertence ao outro, ele abraçando-a e pisando sua sombra (marcando seu território e, ao mesmo tempo, oferecendo-lhe apoio numa atitude paternalista); ela, aferrada à perna dele (como se quisesse seguir seus passos, a ir aonde ele a guiar, e o reconhecimento da força viril na sua figura masculina).

Toda a natureza a seus pés, um céu e um mar transparentes, uma praia linda e um coqueiro que lhes dará sombra, refúgio e alimento.

> O Amor é o arquiteto do universo.
> — Hesíodo

Significado

Posição correta: Casal feliz, pleno; foram feitos um para o outro. Companheirismo, futuro de felicidade e prazer.

Esta é a carta da paixão, da idealização dos sentimentos. Momentos de paz e concórdia. Harmonia. Festejos e celebrações em companhia de pessoas altamente queridas.

> Não é bom que o homem esteja sozinho.
> — Gên. 2:18

Invertida: Infidelidade, egoísmo, saturação, ciúmes doentios, ilusões vãs; pode significar ruptura, separação ou uma crise muito grave.

A proteção pode ter-se convertido em prisão e a sensualidade em leviandade.

> A carne é fraca.
> — Evangelho de São Marcos

O Homem

Um homem nu, tal como vem ao mundo, representando assim a sua essência. É por esse motivo que adota a posição de uma estrela de cinco pontas, pois são 5 os seus sentidos, ele se movimenta em 5 direções (Norte, Sul, Este, Oeste e Centro) e são 5 os elementos que ele precisa para viver (o quinto elemento ou componente é a sua alma ou espírito). Ele dirige seus 5 pontos terminais (cabeça, duas extremidades superiores e duas inferiores) para os 5 extremos da estrela para atingir as 5 linhas do pentagrama e, assim, poder subir espiritualmente na vida, já que, simbolicamente, a estrela de 5 pontas representa a manifestação central da luz ou o centro místico.

A estrela é um símbolo mágico que sempre acompanhou o Homem desde o começo dos tempos em todas as suas concepções e obras, em seus ideais e sonhos. A estrela é uma imagem onírica ou a idealização de um sonho, ou de um intenso e fervoroso desejo.

É um símbolo energético e visualmente agradável. Representa a estrela que guiou os 3 Reis Magos do Oriente para chegar a Belém.

A estrela de 5 pontas nesta posição indica equilíbrio e esforço em prol da perfeição humana. É a representação do Bem.

Na forma invertida, estando o homem de cabeça para baixo, significa a incongruência e a perdição do mesmo: o símbolo é totalmente adverso e representa o caos total.

Significado

Posição correta: Fé e esperança. Expectativas que se verão favorecidas. Qualidades da alma. Criação. Inspiração. Criatividade. Mentalismo. Psiquismo.

Invertida: Perguntas e inquietações sem respostas. Dogmatismo. Confusão. Perturbação dos sentidos. Obstinação. Falta de esperança e de fé. Deixar-se vencer pelos inconvenientes. Perturbação espiritual. Ausência de freios. Materialismo.

A Aldeia

Das nuvens, raios caem na terra, produzindo incêndios, devastando a aldeia, destruindo as casas. Alguns homens e mulheres caem, enquanto outros fogem do fogo. O silêncio normal da selva é interrompido pelos trovões, raios e faíscas, e o céu é uma paisagem quase apocalíptica.

A Aldeia representa não só o hábitat, o lugar de moradia (o nosso lar), como também o lugar onde se aloja o nosso espírito, ou seja, o nosso corpo ou a comunidade em si. Também representa a ruptura do consulente com seu Eu superior.

Esta é uma carta que evidencia perigo, pois a representação da Torre de Babel pela qual os homens quiseram chegar até o céu, de uma forma material, quase impertinente, o que fez desatar a ira divina, destruindo-a. Também poderia representar a destruição de antigas cidades, que decaíram pelo vício e tiveram o mesmo triste destino de Sodoma e Gomorra.

> Mas no dia em que Lot saiu de Sodoma, choveu do céu fogo e enxofre, e destruiu a todos.
>
> — Lucas, 17:29

Quase todos os profetas e videntes de todas as épocas concordaram em afirmar que o castigo virá do céu.

Nostradamus, cujo nome verdadeiro foi Michel de Notre-Dame, astrólogo e médico que viveu na França durante o século XVI, disse em um de seus vaticínios, em forma de quartetos:

> No sétimo mês do ano de 1999,
> virá do céu um grande rei do terror.
> Ele ressuscitará o grande Rei de Angoulmois.
> Antes, depois, Marte reinará por fortuna.

Significado

Posição correta: Perdas irreparáveis, destruição, ruptura ou desmembramento. Falta de comunicação, de e/ou para com os outros. Autopunição. Complexo de culpa, masoquismo.

Perigo de acidentes, fraturas, quedas. Tenha cuidado com o fogo, com materiais combustíveis e com a eletricidade. Cuide do seu corpo e da sua casa. Luxúria, vício, decadência. Corrupção.

Invertida: A situação se deu no passado; pode ter deixado seqüelas e ainda pode se repetir.

A experiência passada foi realmente traumática, porém também pode ter servido como exemplo ou advertência.

Pressões, perseguições, internação, ostracismo, prisão, etc.

A Terra

Vê-se o mundo rodeado por uma serpente em forma helicoidal ou espiral. Em seus 4 vértices se encontram: um peixe (elemento Água), uma cabra (elemento Terra), um dragão (elemento Fogo) e uma pomba (elemento Ar), pois a Terra contém os quatro. Em sua parte mais profunda e dentro de seus vulcões há fogo; água na forma de rios subterrâneos; sobre a sua superfície, cascatas, riachos que descem das montanhas, mares que a rodeiam, mas que ela sustém, etc.; e dentro da água existe ar, pois o oxigênio é um de seus componentes.

Enfim, a terra nos recebe ao nascer e nos acolhe no último momento: o de nosso desenlace.

Ela sustém todos e tudo pela Lei da Gravidade (simbolizada pela serpente que a rodeia). E através da sua gravidade, crescem e se reproduzem as plantas, estas nos dão frutos, isto é: a terra é a "mãe" por excelência: dos animais, das plantas e dos homens.

Ela tem uma importância fundamental para muitos povos da África como para os antigos europeus que a chamaram de Deméter e Ceres. Em algumas regiões da América do Sul, é denominada *La Pacha-Mama*, ou seja, a Mãe-Terra, e a ela se pede prosperidade em seus cultivos, no gado e progresso geral na vida. Em lugares conhecidos como *Apachetas*,* deixam-lhe oferendas para que atenda seus pedidos. Entre os dias 1º e 2 de agosto se festeja o seu dia, entre cânticos, bebidas, bailando ao compasso de música nativa, ao som de *quenas, charangos, bombos* e *sikus* (instrumentos musicais de sopro, percussão e cordas).

Sabe-se, cientificamente, que no interior da Terra há ferro em estado sólido, apesar da alta temperatura que aí se encontra. Esse metal sintoniza com o elemento que pertence ao primeiro Orixá (Ogum Xoroké)** na escala gradual por ordem de Santo até chegar a Obatalá ou Oxalá, ou seja, do interior, da parte mais profunda, até o mais exterior e superior: o céu. Dessa forma, vemos que nada está desconexo e, sim, concatenado, inter-relacionado. Como os povos primitivos sabiam disso? Por intuição, conhecimento inato, revelação mística, pesquisa? Esta pergunta ainda não encontrou uma resposta satisfatória, mas que sabiam, isto é certo.

Os Africanos deram à Terra o nome de "Oddudduá", embora alguns pensem que ele é a versão feminina de Oxalá. Esta é respeitada e valorizada no seu conjunto, embora na atualidade não haja registro de que seja cultuada.

Significado

Posição correta: viagens, mudanças em nosso corpo (modificações, cirurgias) ou no nosso lugar de residência (mudança), consertos e/ou reformas. Busca da beleza interior e exterior. Contato com gente influente, idônea e importante.

Portas e caminhos que se abrem para o consulente. Tudo o que começar ou empreender será favorável. A tomada de decisões será correta, mas deverá ser rápida e munida de total sinceridade. Concepção, nascimentos, parto.

Invertida: Portas que se fecham, caminhos cheios de dificuldades e obstáculos. Cuidado com viagens; perturbações nelas ou na tramitação para efetuá-las. Mudanças que não se concretizam ou com graves preocupações. Dificuldades para ficar grávida ou durante a gravidez, com possibilidade de aborto.

Indecisões e atrasos dos quais você é o autor. Falta de praticidade.

---

* Lugar físico natural, onde se realizam orações, onde se enterram pedidos e diversos objetos em forma de oferenda, para receber os benefícios da "Mãe-Terra".

** Orixá a quem se rende culto dentro do Candomblé.

O Sol

Um grande Sol abrange a maior parte da carta. Ele é formado por diversos raios não uniformes, que nos dão um Sol, não estático ou imóvel. De seu centro sobressaem dois braços iguais, que depois formam os dois lados idênticos de uma pirâmide e que vão dar no centro de dois outros Sóis. O da esquerda é como se tivesse mais força ou mais impulso criador; o da direita é composto por raios delineados, um ao lado do outro, formando uma roda interminável de caminhos ou fendas. No centro da pirâmide encontra-se a Cruz Ansata, símbolo da vida entre os antigos egípcios.

O Sol é um princípio ativo, masculino, *yang*; é a fonte da vida e do poder. O Sol rege o sistema solar (daí esse nome). Todos nós giramos em torno dele.

Os Iorubás o têm como fonte de emanações energéticas e, como acontece com a Lua, ele não é reconhecido como um Orixá (isto é, nunca lhe renderam culto como tal).

Por sua luminosidade e grande poder energético, por ser o eixo central, por ser o doador da vida, foi inter-relacionado com Oxalá ou Obatalá, a quem oferecem flores brancas e girassóis. Acredita-se que o girassol tem grande poder benéfico, por procurar e olhar sempre para o Astro-rei.

Outra cultura africana, a dos antigos egípcios, lhe rendeu culto. Em outra versão da morte de Osíris, o Sol é assassinado por Seth, enquanto Ísis, esposa de Osíris, é raptada e encarcerada para depois se casar com o deus das trevas. Toth (o deus da magia, que criou a si mesmo e que possuía o segredo da morte) conhecia as palavras que podiam ressuscitar e ajudou Ísis a se libertar, dando-lhe poder para ressuscitar seu esposo.

Ísis e Osíris têm dois filhos (dois Sóis), um chamado Hórus (concebido antes da morte de seu pai) e o outro, Harpócrates (concebido depois da ressurreição de Osíris).

Um e outro seriam, respectivamente, o Sol da esquerda (o Sol nascente) e o Sol da direita (o Sol poente — daí os caminhos que a figura descreve); um latente, e o outro, o que deve continuar ou transitar.

Significado

Posição correta: Êxito na vida profissional, marital, de relação a dois, ou em alguma situação referente a estas. Por ser criador, o Sol revela-nos o alto poder criativo nas Artes e nas Ciências. Gêmeos; duplicidade e duplicação de fatores. O dobro. Fortuna.

Invertida: Atrasos e complicações, criando incertezas e dúvidas. Possivelmente, rupturas na relação amorosa e no trabalho. Pode significar também problemas de crescimento, mau funcionamento das glândulas e desequilíbrio hormonal. Consulte o seu médico.

Falta de vitalidade.

A Lua

Uma Lua em quarto minguante é a escolhida para esta carta. Sua figura é esquemática, geométrica (fixa e imóvel); a parte mais escura é a que ela mesma consome, enquanto a parte branca representa a pouca luz que ela reflete sobre a Terra. Lágrimas em forma de losangos rolam das suas extremidades (dor).

Três cumes de pedra e terra (o material) apontam para o céu (o espiritual), como pedindo uma chance ou oportunidade de salvação. Depois, uma extensão de terreno branco, coberto de neve pondo um parâmetro: o limite da indiferença. No centro, uma espada cravada sobre um coração sangrando (aniquilamento das ilusões ou traição). Esotericamente, a Lua é negativa, não contendo nenhum sentido poético ou romântico.

Seu princípio é feminino, é *yin*, e nesta identificação como quarto minguante representa a perda de valores e/ou força.

A Lua foi reverenciada, como o Sol, desde sempre; por exemplo, pelos egípcios, para quem ela era Ísis. Ísis amava tanto o seu esposo Osíris que, depois que seu irmão Seth (o Caim dos egípcios) o trancou numa espécie de cofre (o qual podia conter somente Osíris, pois desenhava sua silhueta perfeitamente) e o jogou no rio Nilo, Ísis conseguiu ressuscitá-lo usando fórmulas mágicas.

Para os fenícios, foi Astarte, a deusa do amor e da fecundidade. Os Iorubás não reconhecem nela um Orixá, mas sabem de sua importância e relacionamento com os homens. Ela exerce influência nos nascimentos e nas habilidades mediúnicas. Os Iorubás relacionam-na com o feminino (daí a simbologia da Lua cheia com Iemanjá) e com tudo o que é inerente à Natureza. Para os mágicos, a Lua cheia pode ser boa ou má, pois contém os dois pólos, o positivo e o negativo.

Nos países mais avançados tecnológica e socialmente, foram feitos estudos sobre como este satélite da Terra influi sobre as marés, as parturientes e sobre o sistema nervoso (alterando-o excessivamente durante a Lua cheia). Isso é comprovado pelo maior número de suicídios, assassinatos, violações e roubos que ocorrem por ocasião da Lua cheia. É o mesmo que dizer que ela tem grande poder sobre o comportamento humano.

Até hoje nos referimos a alguém muito nervoso ou de mau humor com o termo: "está de Lua". Para o esotérico em geral, a Lua em quarto minguante não reveste o caráter benevolente conferido a ela pelos poetas e sonhado pelos apaixonados.

O mesmo não ocorre com o quarto crescente, considerado em geral como o grande benfeitor para todas as coisas.

Significado

Posição correta: Tristeza, depressão, melancolia extrema. Sofrimentos, inimigos ocultos ("Lilith" — o lado escuro da Lua), cargas negativas, má influência espiritual. Tortura, raptos, perda da liberdade. Nervosismo, desequilíbrio do sistema nervoso, podendo chegar à loucura. Terror, medos irrefreáveis. Calúnias. Pode significar alcoolismo ou vício em drogas (ou algum tipo de dependência nociva ou altamente prejudicial).

Invertida: Decepções. Subestimação. Miragem. Distorção no pensamento, dificuldade ou problemas com a fala. Falta de comunicação.

O Expulso

Um homem nu, em atitude despreocupada, contemplativa, como espreguiçando-se após uma árdua tarefa. No saco que carrega aos ombros, contém o mínimo que um ser humano pode ter. Segurando com os lábios, há uma flor, símbolo de inocência, de candura.

Suas pernas estão cruzadas demonstrando que sua posição pode ser mudada quando ele quiser. Um de seus pés está levemente apoiado no chão e está sendo bicado por uma ave (que lhe causa "dor", o único sentimento que o levará de volta à realidade, prevenindo-o quanto à possibilidade de cair no vazio). O outro está torcido numa posição incômoda mas não impossível.

Apesar de estar à beira de um precipício, dá as costas para ele e tem um ponto de apoio muito leve no tronco de uma palmeira.

Esta carta foi chamada de "O Expulso" porque geralmente, em algumas tribos da África, quem não se comportava de acordo com as regras do grupo a que pertencia tinha um só caminho: o exílio.

O animal escolhido, que o desperta, um galo, tira-o da letargia. A escolha não é casual. O galo é escolhido porque esse valente galináceo não exsuda adrenalina como resultado do medo. Os afrocubanos e outros Santeiros do Caribe e da América Central reverenciam um Orixá chamado Osun. Sua imagem é colocada em cima da porta de entrada da casa do Santeiro ou do devoto para que vigie e cuide do lar. Se essa imagem, geralmente feita de ferro, chegar a cair ou lhe acontecer algum dano, está avisando que poderá haver perigo ou que algo lamentável vai acontecer.

O galo é considerado um Santo guerreiro, pois defende tenazmente quem o possui. Não é somente nas residências que o galo pode ser visto; muitas casas comerciais o têm.

Ditos populares afirmam que o seu canto dissipa as trevas, anunciando a chegada do Sol, e com ele um novo dia.

Jesus, dirigindo-se a Pedro, disse-lhe que antes que o galo cantasse ele o negaria três vezes...

Significado

Posição correta: Situação ou atitude que vai além da sua capacidade de controle. Intranqüilidade, nervosismo, mas ao mesmo tempo despreocupação. Infantilidade, espírito de preguiça, benevolência, lirismo, altruísmo desmedido, desenfreado, mal-entendido. Hipersensibilidade, embora pareça estar adormecido para seus sentidos, o que nos dá o indício de um bloqueio mental. Necessidade de sofrer para amadurecer. Incongruência total; doença, loucura, mas, ao mesmo tempo, certa "genialidade", o que indica que a pessoa não põe em prática todas as suas potencialidades, sua inteligência, sua imaginação criativa, que não é pouca.

Tem reações inexplicáveis que, às vezes, nem ele mesmo entende ou controla. Vê a árvore e não a floresta. Perde-se em detalhes desnecessários, e suas prioridades mudam sempre.

Suas relações sentimentais serão conflituadas, mórbidas, com tendências de abandono.

Pode ser um grande poeta que nunca terminará um só terceto, um grande músico que nunca executará sua sinfonia, um excelente escultor ou pintor que jamais concluirá sua peça ou obra de arte. Boêmio inveterado que afogará suas mágoas no álcool, nos bares, em noitadas sem nenhum objetivo. Pessoa carente de carinho ou amor. Se você está nessa situação, deve revertê-la urgentemente para não cair no abismo. Não espere que a dor bata em sua porta para pôr os pés no chão, voltar à realidade. E se é outra a pessoa, ajude-a imediatamente a sair dessa catarse que a imobiliza. Lembre-se: ela precisa de afeto e compreensão imediatamente.

Invertida: Como é uma carta totalmente ambivalente, pode apresentar várias situações contraditórias e inversas.

Portanto, ou pode mudar todo o exposto anteriormente e encaminhar-se na vida, ou agravar mais ainda suas fraquezas ou carências, convertendo-se num personagem ou numa situação irreversível. Exemplo: instintos suicidas, perversão sexual, neurose obsessiva, psiquismo totalmente descontrolado, cinismo, vampirismo psíquico, mil máscaras para uma só cara, pois não sabe quem é, nem aonde vai, etc.

> Um caráter fraco é um defeito que, em circunstâncias críticas, é manancial seguro de conseqüências desastrosas; há um vazio que não se pode preencher com nada.
>
> — Jaime Balmes

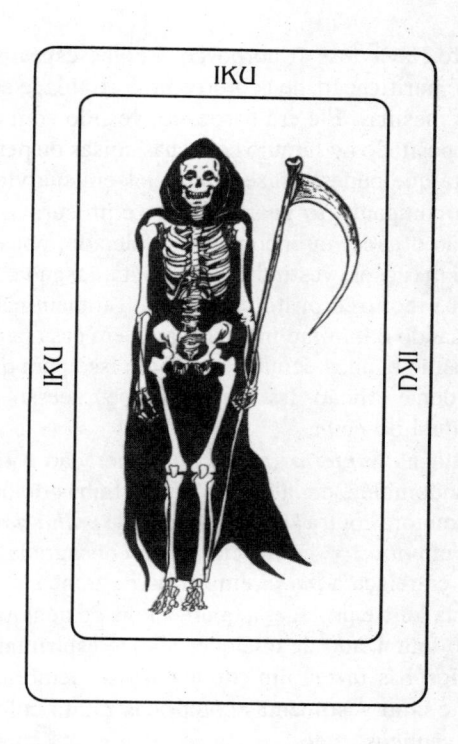

Iku

Um esqueleto coberto com uma capa com capuz preto que chega até os pés. Vemos que esta figura não pisa em nenhum solo e que não tem nada ao seu redor — uma imagem de não-espaço, de não-tempo. Ela é atemporal. As horas, os minutos ou dias parecem não lhe importar, não contam. Contudo, ela existe. Mas, não se preocupa com o lugar onde apoiar sua ossada (podendo ser um castelo, uma casa, um hospital, um instituto ou um barraco).

Numa das mãos, segura uma foice, elemento cortante e afiado com o qual cerceia, dá fim a situações ou coisas.

Ela chega sem olhar para idade, sexo, cor da pele, *status* social, papel na sociedade ou posição econômica.

Os antigos africanos tinham a crença de que a alma de um defunto devia cruzar um rio (a mesma crença que tinham os antigos romanos e gregos, que pensavam que seus mortos viajavam pelo rio Estige), antes de chegar ao último estágio que lhe corresponde, de acordo com o seu comportamento neste mundo. O espírito do falecido ficava preso à matéria até o momento em que os seus entes queridos começassem a jogar terra sobre a sua sepultura. Conceitos semelhantes são aceitos por muitos espiritualistas.

Antes do enterro, lavava-se o corpo com ervas especiais, que agiam como forma de libertação e purificação, de acordo com a afinidade espiritual estabelecida entre o falecido e as mesmas. Ele era barbeado, vestido com as melhores roupas e jóias, e depois era depositado no túmulo com suas coisas ou pertences mais queridos e com alimentos para que pudesse fazer uso deles em sua viagem para o além.

Seu parceiro ou companheiro guardava luto e procurava respeitar o mais mínimo detalhe para não ofender ou incomodar o falecido; por exemplo: não usando enfeites especiais ou luxuosos, vestindo roupa gasta, rasgada, maltrapilha (símbolo de *egun*, que significa morto, espírito de morto). Também não se cuidava do penteado, do calçado, usando o mínimo indispensável em casa para o desenvolvimento das tarefas, não tomando banhos demais, etc. Tudo isso para que o ex-companheiro compreendesse sua dor e aflição. Isso facilitaria seu acesso ao novo plano, assegurando a paz espiritual do *egun*.

Atualmente, tanto na *Santería* (adoração, veneração e respeito aos Santos e Orixás) como no Candomblé e em algumas outras linhas de origem afro, é comum o uso de uma guia protetora contra *kiumbas*,* feita de *palha-da-costa*** e embebida, durante 3 ou 7 dias, em *abó*,*** confeccionada e consagrada através de rezas protetoras, enquanto se entrelaça a *palha* em forma de trança.

A finalidade desta guia é proteger a quem a leva de qualquer *kiumba* que quiser prejudicá-lo, estando imunizado de qualquer ataque espiritual.

Na Nigéria, os Iorubás fazem um rito anual para lembrar seus defuntos. Eles dançam mascarados e com vestimentas compridas muito coloridas; a cadência do ritmo, a dança e os cânticos, tudo isso os envolve numa auréola mística e de comunhão com os seus mortos.

Há uma data no ano para sua recordação, que é o dia dos mortos, que geralmente se celebra no dia 2 de novembro, em que se oferece um prato de comida (que varia de acordo com a nação africana que se tem como regente do ritual) e um copo d'água, iluminando-o com uma vela branca (de preferência de sebo, pois assim conservará melhor a impregnação dos fluidos vazados na sua confecção, através de pensamentos ou orações). Observei também que são oferecidas, como presentes, flores brancas em número ímpar, e nos dias subseqüentes encomendam-se missas católicas (observamos aqui a fusão de dois pensamentos religiosos) para a paz da alma em questão.

Na ilha de Itaparica (Brasil), há somente uma casa de Ogum onde se reverenciam os antepassados. Seu culto é secreto e vedado aos não-iniciados, e a mulher não tem nele um grande papel a desempenhar e, como muitos dizem, seu papel é nulo.

> Por que ter medo da morte? Quando nós estamos, ela não está e quando ela está, nós já não estamos.
>
> — Heráclito

---

* Espíritos mortos perturbadores ou maléficos, em geral, proscritos, como assassinos corruptos, loucos perigosos, etc.

** Nome brasileiro de um tipo de ráfia ou palha.

*** Líquido sagrado feito com água de chuva, de rios, de cascata, além de ervas, etc.

Significado

Posição correta: Fim de alguma coisa; mudança ou transmutação. Metamorfose.

Pode indicar doença, culminação de algo para a transformação em outra coisa. Renovação. Perigo ou crise. Morte de uma coisa, pensamento, situação, sentimento, estado, etc., *egum* ou *kiumba*.

Invertida: Paralisação, inércia, estatismo, desassossego, preocupações. Protestos, desgostos, confrontos. Fome, desolação, pobreza. *Egum*.

O Karma

Raios celestes caem como forma de proteção, amparando e acolhendo esta Lei Universal.

No centro, a Cruz Ansata serve como balança onde serão pesadas todas as nossas ações. Em cada prato há um olho, demonstrando que nada escapa ao controle da Lei da Causa e Efeito.

De cada lado da carta estão representadas as duas pontas da vida: a infância e a velhice. A fisionomia aqui usada pretende mostrar como o decorrer do tempo vai modificando, não só estruturas físicas, mas também as mentais, as atitudes e normas de conduta ditadas pela experiência.

A mulher mais velha está recostada sobre sua imagem de menina e, ao fazê-lo, é como se desse as costas para o seu passado. Ela parece estar se preparando para o que virá, num gesto de resignação, sabendo que o tempo perdido não poderá ser recuperado e que o tempo ganho será capitalizado. Ela terá de recomeçar e, nessa roda sem fim, tudo o que se fizer de proveito para si e para os outros terá uma retribuição, proporcionando-lhe mais paz e sossego.

A sabedoria do ancião se juntará à inocência da criança, combinação perfeita que marcará um instante de êxtase e de profunda iluminação.

Existem várias Leis Universais, como a Lei da Vida, a do Crescimento, a da Reprodução, a de Morte (ou melhor, Desencarnação). Nós conhecemos todas elas e, às vezes, em determinados momentos de nossa existência, achamos que são injustas e indiscriminadas. Contudo, há uma lei acima de todas elas, sobre a qual ainda se ignoram muitas coisas. Acredito que isso se deve, entre outros fatores, ao desejo interior de justificar nossos erros, defeitos e más ações e, muitas vezes, de transferi-los para outros, como se os outros fossem seus causadores.

Esta Lei é a do Karma, à qual ninguém escapa, e é o eixo do motor de outra que a complementa, cujo nome é a "Lei da Reencarnação", isto é, a de voltar a este mundo, com a nossa essência ou espírito, instalados em outro corpo para realizar e superar nosso Karma.

Também é chamada de "Lei de Causa e Efeito", porque através da mesma encontramos a explicação para todos os nossos comportamentos.

Essa lei deriva da idéia de que tudo o que fazemos nesta vida de encarnados, ou em outras anteriores, será a causa ou fonte do que teremos que viver neste plano ou em outros, quer seja gozando por todo o Bem realizado ou reparando defeitos e maus comportamentos passados.

Essa engrenagem perfeita é sincronizada e fiscalizada por uma Inteligência e Justiça Superior que denominamos Deus, sendo este, como já dissemos, a causa primeira e única da nossa existência. Convenhamos então que o Karma pode ser positivo ou negativo, de acordo com o nosso comportamento.

À medida que alcançamos a luz espiritual, vamos depurando o nosso mau Karma e nos aproximando, através desta dura aprendizagem, de dimensões superiores, até chegar um dia a estar com Nosso Pai, Deus.

Esta carta pode ser relacionada com um Orixá pouco cultuado, cujo nome é Tempo, filho de Naná Burucu, cuja função estaria relacionada com a Lei do Karma.

Significado

Posição correta: O transcorrer da nossa existência, de acordo com os preceitos da Verdade e da Justiça, nos apresentará um bom Karma. Este é um sábio ensinamento, onde o tempo é fundamental; portanto, não devemos desperdiçá-lo. Liberdade de espírito. Recompensas por boas ações. Julgamentos e questões de ordem legal, nos quais seremos beneficiados. Ao longo do nosso caminho, encontraremos o verdadeiro oásis; não importa as pedras e os obstáculos que se interponham em nosso caminho, devemos afastá-los com a inteligência e o livre-arbítrio que Deus nos deu, ajudando o nosso próximo, respeitando-o e, sobretudo, amando-o.

Invertida: Desperdício do tempo com falsas promessas, quimeras impossíveis. Você terá que reparar os erros, emendá-los e começar novamente, sem interrupções ou demoras, e ajustando-se à verdade. Pleitos perdidos. Más especulações que redundarão em dificuldades, mal-estar e perdas econômicas. O pão que você negou será o que não terá amanhã.

O Diabo

Contra as forças da luz, existem a escuridão e as trevas. No princípio de uma criação, há destruição; e antes da ordem, o caos e a confusão. Esses conceitos não escapavam ao conhecimento do povo Iorubá, que viu em "Olosi" o reflexo das características mais parecidas ao que é conhecido como o Diabo.

Olosi tinha sido criado por Olodumaré, que lhe outorgou poderes, inteligência, autonomia e perfeição física, assim como o dom inapreciável da imortalidade.

Mas, esse primeiro ser que habitou a Terra, sentindo-se poderoso e belo ao mesmo tempo, quis fazer prevalecer sua inteligência à Inteligência Superior que o havia criado. Seu orgulho e vaidade foram crescendo até despertar a zanga de seu Criador que quis castigá-lo com centelhas de fogo. Olosi, então, refugiou-se no interior da Terra, levando consigo o fogo com o qual tinha sido ameaçado.

A partir desse dia, ele adotou o nome pelo qual é conhecido, negando sua primeira denominação, a forma nominativa com que tinha sido criado, ou seja, Omo Oba. E a partir daí, procura desviar as boas ações dos Homens, despertando neles a rebeldia e todos os pensamentos e ações que o afastam da Causa Primeira.

Apesar desse mito, onde este personagem é semelhante ao do Diabo, muito mais do que concentrar o Mal em um Ser, eles concebiam a idéia de que o homem tem dentro de si a potencialidade do Bem e do Mal, fazendo-se responsável por seus atos perante a Justiça Divina. No Culto aos Orixás, o Diabo não tem lugar, pois estes são energia de Luz, regidos por Deus ou Olorum Olofi.

Mas não podemos desconhecer a existência de uma força oposta ao Bem ou antagônica a ele. Levando em conta que a maioria dos baralhos inclui entre suas cartas uma do Diabo, vamos utilizar esta força, à qual o nosso subconsciente, acreditando ou não na existência dele, dá espaço.

Para os cristãos, o Diabo foi a criação mais perfeita de Deus. Mas, Lúcifer (a estrela da manhã) ou Luzbel (linda luz) se levantou contra o poder de Deus e arrastou um terço dos anjos que habitavam o céu, os quais iniciaram uma árdua batalha contra o Criador, até conseguir sua expulsão do lado d'Ele. Suas hostes são muito grandes, suas legiões incalculáveis, porém não vamos ter o mau gosto de comentar algum ou alguns de seus variados e diferentes nomes. Entretanto, esclareceremos que todos eles se servem dos mais baixos instintos humanos e só diremos que são conhecidos como íncubos (demônios homens) e súcubos (demônios mulheres).

Na nossa carta, o Diabo assume as características de um ser com asas de morcego, com terminações córneas em suas pontas, metade homem e metade besta, cornos de bode, olhos e orelhas pontiagudas, boca grande de lábios muito carnudos (símbolo de extrema sensualidade) e sobrancelhas ascendentes marcando um rosto pérfido e ao mesmo tempo desafiador.

Seu corpo inclui os dois sexos (com a idéia de que tem influência tanto sobre o homem como sobre a mulher), um ventre volumoso que dá idéia de sua glutoneria ou inclinação para a matéria, uma perna mais peluda do que a outra, servindo de ponto de apoio para seus planos maléficos, terminando ambas numa espécie de unhas como as de um animal, e um rabo que termina em forma de triângulo, como um chicote que castiga provocando dor.

Suas duas mãos têm diferentes formas: uma com uma garra e outra mais parecida com a de um ser humano.

E, por último, a estrela de cinco pontas, mas invertida (simbolizando a queda do Homem, configurando-o de cabeça para baixo).

Significado

Posição correta: Magia Negra ou bruxaria; terríveis pressões energéticas e/ou espirituais, criando um campo magnético totalmente negativo. Ignorância, maus pensamentos, ciúmes e inveja com fins destrutivos; perversidade em todos os planos.

Invertida: Seu significado torna-se um pouco mais leve, mas sua persistência continua. Afastamento temporário do mal, mas cuide-se mesmo assim pois, ao retornar, pode atacar com maior voracidade. Confusão. Alteração do sistema nervoso. Passividade e aniquilamento da vontade do Homem.

> Não é em nenhuma vida futura, mas nesta mesma terra, que a maioria das pessoas encontra o inferno.
>
> — Schopenhauer

O Prisioneiro Escravizado

Um escravo, com pés e mãos atados a um tronco de madeira; várias correntes o rodeiam, em forma de atadura. Ninguém partilha de sua dor. O que o castigou também não se encontra na cena, ficando o escravo ao sabor de seu próprio destino.

Seus olhos fechados nos revelam o íntimo esforço para sobreviver e sua comunicação mental com Olorun ou Olorum (Deus para os africanos) pedindo ajuda e salvação.

Sua esperança reside na certeza de que, além desta vida, existe outra, sua Fé está na "imortalidade da alma".

> Viver e deixar de viver são soluções imaginárias. A existência está em outra parte.
> — "Les Manifestes du surrealisme",
> *Le Sagitaire*, 1946

Esta carta representa quem, de alguma ou outra forma, foi alvo de perseguições por sua ideologia ou pensamento; prisioneiro dos ignorantes, que muitas vezes, em nome de "altos ideais", apontaram, acusaram e, por fim, executaram muitos inocentes cujo único crime era o de conservar seu pensamento e ideal.

Dessa escravidão não escapa o negro. Pelo contrário, quantas lágrimas lhe custou, quantas verteu por defender sua dignidade como ser humano! Quanto lhe custou para que lhe fossem reconhecidos os mesmos direitos do homem branco: a liberdade de pensar, de sentir e de fazer, utilizando a liberdade como meio de expressão, como qualquer outra pessoa. Porém, os sectarismos e a discriminação não têm a ver só com a cor da pele; grandes homens e mulheres passaram por este mundo defendendo o que achavam que era justo, digno. Sua verdade, que não tem por que ser igual à dos outros, pois cada um de nós deve encontrar a sua própria. A luta é árdua, embora nos enriqueça espiritualmente. Para isso, faz falta utilizar o livre-arbítrio com que Deus nos dotou.

Como já disse, há grandes seres humanos. Para mim, o maior de todos foi Jesus de Nazaré, mestre dos mestres, iluminado e iluminador de mentes e almas, todo Amor e Amor em tudo.

Querido Nazareno! Foste justiçado, maltratado, tratado como um criminoso. Séculos já se passaram, mas seu nome continua sendo aclamado no coração de milhões de seres que em Ti procuram o caminho da redenção.

Outro exemplo é Santa Cecília, patrona dos músicos, que durante seu terrível martírio, morreu cantando (como se quisesse transformar essa dor em harmoniosa melodia). Ela defendia sua Fé, seu maior tesouro.

Sócrates também, um grande filósofo que foi o criador do método da maiêutica (o qual tem, por finalidade, que o próprio interlocutor obtenha por si mesmo "A Verdade"), coisa que incomodou muitas pessoas e foi acusado com pretextos absurdos e manifestações que partiam da obstinação e da ignorância. Ele foi sentenciado a morrer e morreu como coroação e culminação de sua integridade moral, rejeitando a possibilidade de fuga preparada por seus amigos.

Enquanto não formos livres pensadores, seremos prisioneiros de nossos medos e alheios à nossa inteligência. — Zolrak.

Vamos nos remeter ao Mito da Caverna, relatado por Platão em sua obra *A República*. Ele se refere a um grupo de prisioneiros acorrentados numa caverna, na qual só vêem o que o fogo, através das sombras, projeta em uma de suas paredes. Esta é a sua Única Verdade e é quando este grande filósofo apresenta a possibilidade de que, se um deles se libertasse e se encaminhasse até a entrada da caverna, veria uma realidade diferente, não iluminada pelo fogo mas pelo sol. Logo, a princípio, ele ficaria perplexo, imobilizado pelo que havia descoberto. No primeiro momento, ele não poderia acreditar, até que, depois, seus olhos se acostumariam a essa luz, a essa realidade, e as reconheceria como certas. Se voltasse até os outros e lhes contasse o que havia descoberto, zombariam dele, e se, mais tarde, tentasse libertá-los para depois levá-los à luz, certamente o matariam se pudessem apoderar-se de sua pessoa.

Bárbaros, as idéias não se matam.

Domingo Faustino Sarmiento (1811-1888),
escritor, político e herói argentino

Significado

Posição correta: Você é vítima de difamações, falatórios, calúnias ao seu redor. Reforce o seu ego, pois precisará dele, já que seu meio ambiente está sufocando, asfixiando a sua pessoa.

Você receberá castigos morais, físicos e/ou espirituais sem motivo.

Não o deixam ser nem fazer. Solidão, castigo, sofrimento.

Tudo é difícil conseguir, num caminho sacrificado e tortuoso ao mesmo tempo. Lamentações e penúrias. Represálias e restrições, etc.

Invertida: A plenitude da dor cessou, porém os efeitos da incompreensão alheia ainda repercutem na sua pessoa.

Rompa com as correntes, sejam físicas, morais, espirituais ou mentais. Você pode fazê-lo. Aproveite este momento de trégua que seus inimigos e algozes lhe concederam.

Relaxe suas tensões e, com a sublimação do amor, perdoe.

Esqueça para ressurgir; para isso, terá de enfrentar a realidade.

Pai, perdoa-lhes porque não sabem o que fazem.

— Lucas, 23:34

Cartas Secundárias

Ás de Água

Um golfinho, símbolo de espiritualidade. No Ocidente, o peixe simboliza e representa o sentimento cristão; no Oriente, representa a Boa Sorte.

Entre os povos da Antigüidade, sobretudo para os gregos que consideravam que o golfinho pertencia especialmente a Apolo, sem deixar de levar em conta que cursava as águas sob o reinado de Poseidon, com o qual o vinculavam, esse animal era considerado "sagrado". Essa crença era partilhada por filósofos e poetas; alguns deles acreditavam que se os golfinhos fossem incomodados, estariam incomodando também os Deuses do Olimpo.

Significado

Posição correta: Começa uma nova etapa na qual sua experiência passada, desde a infância, se faz presente; e quem estabelece um equilíbrio entre seu passado e seu presente, projetará um futuro de amor.

Prevalecem os sentimentos, sem que isso obscureça a mente ou a psique. Momentos de grande beleza e regozijo.

Invertida: Desequilíbrio. Expectativas falsas. Amor perdido, com dificuldades; dúvidas sobre um sentimento verdadeiro.

Desgostos que somatizará no aparelho digestivo.

II de Água

Dois hipocampos que se unem entrelaçando em harmonia as duas forças da natureza, o *yin* e o *yang*, o feminino e o masculino, prometendo-se amor eterno, formando um só coração universal.

Significado

Posição correta: Festejo e felicidade de um grande amor, fundamentado na harmonia. Etapa de uma amizade, casamento ou aventura amorosa com mútua compreensão, espiritualidade com sentimentos de caridade e piedade.

Seu amor ou companheirismo vai além do material; aprofunda-se em águas cristalinas e límpidas, onde o misticismo atinge seus mais altos valores. Juramento de amor eterno ou de amizade eterna.

Invertida: Confusão, lágrimas, tristeza, ruptura. Mistificação. O mar está revolto, embora esteja calmo na superfície; portanto, em suas profundezas há escuridão tenebrosa, trazendo violência, instabilidade psíquica e sentimentos não verdadeiros.

III de Água

Três peixes formando um triângulo. A soma das cartas número I e II de Água dá como resultado a trilogia que representaria o Pai, o Filho e o Espírito Santo. Um triângulo perfeito, símbolo de Fé onde a energia está subjacente, traz consigo um ensinamento que é a experiência de todos os processos acima mencionados.

Significado

Posição correta: Vitória, boa sorte, possibilidades propiciatórias de triunfo, êxito e prosperidade. Assim como começam, as coisas terminam. O efeito advém de uma causa positiva que nos dará prazer e estabilidade emocional.

Invertida: Impiedade, falta de fé, de compreensão e de caridade. Falsas promessas e falsos profetas. Êxito passageiro. Extremada sensualidade. Desejos de dominação material e de querer escravizar através da gula, do álcool e do sexo.

IV de Água

Os *dipnóicos* africanos são peixes dotados de pulmões que, em épocas de seca, se hospedam na terra, formando um casulo que se endurece a tal ponto como se fosse uma couraça protetora. O mesmo tem, na sua parte superior, um orifício de ligação com o ar da superfície, podendo assim respirar livremente. Eles podem permanecer nesse estado até "4" anos e, ao voltar à água, recobram sua vida normal.

Este é um tempo em que a chuva cessa e até nos lagos mais profundos se evaporou todo o conteúdo de suas águas. Tempo para pensar, recolher-se, internar-se no mais profundo da mente humana para tirar conclusões, resolver paradigmas, mistérios da vida e da morte; mas, logo depois disso, estar preparados para recomeçar.

Significado

Posição correta: Abulia, insatisfação, cansaço, falta de alegria por perdas materiais. Você deveria ter aproveitado o tempo em épocas de bonança; o jeito, agora, é esperar uma nova oportunidade.

Desprezaremos ou negaremos a ajuda ou a colaboração vinda de outras pessoas. Medite para saber se você ganhou, ao aceitar o que não devia ter aceito ou ao desprezar as novas oportunidades.

Invertida: O que estava adormecido, quase morto ou arrasado, reaparece com possibilidades de novas relações.

V de Água

Um homem se afogando; na parte do seu corpo que está submersa há sanguessugas. Ele quer salvar-se agarrando-se a um galho, mas...
As águas turvas estão cheias de animais perigosos que só querem a sua destruição através de um processo vampírico, alimentando-se do seu sangue.

Significado

Posição correta: Profunda tristeza sobre temas que esperava solucionar. Infortúnio com amigos, no amor ou num casamento ou relação amorosa destruídos. Já não há tempo para lamentações, queixas ou protestos. Perda de valores afetivos. Energia negativa que o rodeia.

Invertida: Possibilidade de aferrar-se a uma nova esperança. Talvez a natureza tenha piedade de você e a árvore que uma vez você cortou renasça e faça esse galho crescer, única oportunidade a que você pode se agarrar a fim de sair dessa água lamacenta e cheia de perigos. Se o seu Karma permitir, você começará de novo e tentará amar e ser amado. Formará um novo círculo de amizades e uma nova escala de valores.

VI de Água

Numa noite de lua cheia, a maré cresceu de forma notável. A lua, mãe por excelência, nos acolhe e protege na escuridão da noite. Por isso, uma sereia descansa à beira d'água. Ela foi enviada pela nossa grande mãe, Iemanjá, protetora de nossos lares e famílias.

Sob as águas, vê-se um imenso cardume de peixes multicoloridos, prevalecendo os prateados. Embora a noite seja escura, a lua em sua plenitude ilumina a imensidão das águas.

Significado

Posição correta: Júbilo, reencontros com nossos amigos e volta ou regresso às nossas origens. Intercâmbio de idéias, pensamentos, conhecimentos, presentes.

Invertida: Negação das origens de escrúpulos ou de sanções que a pessoa impõe a si mesma. Não se prenda demais às primeiras fases da sua vida, nem permaneça estagnado. Renove seus costumes e estilos de acordo com os tempos que chegam. Você deverá levar em conta que uma relação muito forte, contínua, que não evolui de acordo com o seu crescimento mental, espiritual e físico, pode converter-se numa relação edipiana.

VII de Água

No alto de um penhasco, olhando para baixo, há uma figura não definida. O mar ou rio está dividido em 7 camadas, representadas por 7 tonalidades de claro-escuro.

Um homem joga na água um *búzio** como oferenda, para conseguir satisfação e resposta a seus pedidos.

Há confusão nos 7 estados do homem e alteração de seus 7 chakras ou centros de energia. Por isso, só se pode ver o contorno escuro de sua figura, apesar de ser dia.

O cume significa o lugar de preeminência que ele gostaria de atingir e de conservar, exigindo respostas, fazendo pedidos, talvez não da maneira mais adequada. Jesus disse: "Ajuda-te que eu te ajudarei" — e também: "Pede e receberás." Isso, porém, não significava que qualquer capricho ou ambição terrena seria atendida. Entre seus lemas também estava: "Nem só de pão vive o homem."

Significado

Posição correta: Pedidos quiméricos; sonhos que não se concretizarão; excessiva fantasia ou egoísmo que o levou a exigir demais e a dar bem pouco. Não peça aquilo que você não pode dar, nem prometa o que não sabe se poderá cumprir.

---

* Concha sagrada através da qual os Orixás ou Santos respondem.

Ilusões que se dissipam como resultado do seu egoísmo. Perseguição espiritual. Aura enegrecida. Corpo astral atacado.

Invertida: Procure a solução no caminho adequado e insista. Compreenda que a humildade leva à grandeza e que somente os grandes de espírito atingem as grandes metas.

Procure o caminho da Fé, escalando passo a passo, pedindo sem exigir e dando sem esperar recompensa. Não olhe com arrogância nem subestime as coisas que, talvez, por falta de aprendizagem ou compreensão, você não sabe valorizar.

VIII de Água

Oito são os tentáculos do polvo e a oitava casa astrológica pertence a Escorpião, cujos regentes, Marte e Plutão, agiriam como detonadores do poder bélico. Em numerologia, o quatro representa estabilidade e equilíbrio; representa também os quatro pontos cardeais, as quatro estações do ano, os quatro cavaleiros do Apocalipse e os quatro Evangelhos. Oito, o dobro de quatro, sendo um número de ambição, significa falta de moderação quando usado de forma incorreta. Pode converter-se nesse ser maligno, igual à aranha, que tece a sua própria casa, guarida, hábitat, mas que também é rede para suas futuras vítimas ou presas; não hesitarão um só minuto em criar armadilhas para cercear a liberdade e a integridade de suas vítimas. Esta carta, sem dúvida alguma, é perigosa.

Significado

Posição correta: Defasagem por excessiva ambição, característica que pode durar muito tempo pelos motivos já explicados. Pelo mesmo motivo, atitude perigosa para encarar a realidade da vida, esquecendo-nos de que o tempo passa e que não somos eternos (pelo menos no referente ao nosso corpo), e que, se voltamos a reencarnar, tudo o que fazemos equivocadamente, por uma "Lei de Causa e Efeito", temos que reparar. Portanto, não sejamos nômades de nós mesmos, não enganemos no amor, nem abandonemos um êxito para monopolizar outro maior. Pois, quase imediatamente, o efeito *boomerang* se voltará contra nós, sem que tenhamos de esperar muito.

Invertida: Possibilidade de reflexão, de rever as coisas, de abandono do mundo e do mesquinho para um verdadeiro gozo espiritual; do contrário, passaremos de algozes a vítimas de nossas próprias ações.

Um barco preso por um enorme polvo. Será fruto de uma imaginação fértil ou um relato de Júlio Verne? Talvez, como tantas outras coisas que ele escreveu, seja possível, real...

Denys de Montfort descreve desta forma essa arrepiante experiência:

> Havendo finalizado o embarque de sua carga de escravos, marfim e pó de ouro, eles estavam levantando âncora quando foram surpreendidos com o aparecimento de uma gigantesca lula que lançou seus tentáculos ao redor dos mastros. Entrelaçando os tentáculos no topo dos mastaréus, o peso da lula inclinou perigosamente a embarcação. Com a ajuda de todos os objetos cortantes que conseguiram encontrar, os tripulantes tentaram cortar os tentáculos do monstro. Desesperados pela aparente inutilidade dos seus esforços, eles invocaram seu patrono, São Tomé. As orações sinceras funcionaram como acicate para os horrorizados marinheiros, os quais finalmente conseguiram seu objetivo. Deixando para trás parte de seus tentáculos, o monstro desapareceu no fundo das águas e o barco recuperou o equilíbrio. De volta à pátria, todos os tripulantes se dirigiram em procissão à capela de São Tomé, onde cantaram o *Te Deum* e, depois, fizeram a oferenda de um *ex-voto*, um quadro onde se representava o encontro com a lula, pintura que foi pendurada na capela.

— *Monstruos y Bestias Míticas*, Ed. Noguer S.A.

IX de Água

Segundo a Cabala hebraica, o nono lugar, chamado Yesod, representa a Lua. Daí as nove Luas que se encontram neste céu cheio de estrelas. Os pescadores lançaram suas redes ao mar e recolheram-nas cheias de peixes.

Significado

Posição correta: Prosperidade, lucros; no amor, começamos a colher os frutos de umas ótimas sementes; a mente vai de mãos dadas com o coração; não existe defasagem entre o sentimental e o mental. Estamos a um passo da felicidade plena. Quando esses fatores se conjugam, o nosso bem-estar físico torna-se evidente.

Invertida: Quase chegamos lá em cima, o que não quer dizer no topo. Não desperdicemos o que o mar nos presenteou. Tentemos consumi-lo com proveito, apenas na quantidade necessária. Não deixe que seus sentimentos interfiram com a sua negociação. Temos de dar liberdade ao que merece ser livre. Todo excesso pode trazer-nos tristezas ou doenças que impedirão o nosso acesso ao objetivo.

Amor que pode se transformar em algo apenas físico.

X de Água

O X de Água é a manifestação de que se chegou à plenitude, ao máximo, à coroação de nossos esforços, já que a redução do número 10 nos dá o número 1 como resultado (1 + 0 = 1). A comunhão dos 10 peixes configura uma coroa (o poder centralizado e unificado) que mostra a primeira Sephirah da Cabala, que tem o nome de Keter. E sua totalidade, a soma dos peixes que se levantam das águas como símbolo de triunfo espiritual, revela a décima Sephirah do Cabalismo, Malkuth.

O peixe borboleta poderia ser um destes que habitam no rio Congo e atingem um tamanho de cerca de 10 centímetros. Esses peixes conseguem sair da água graças às suas barbatanas peitorais e também conseguem planar sobre a superfície com uma destreza indescritível. Ou também o peixe saltarin, que vive em águas pouco profundas da África. Esse peixe retém a água em sacos especiais, conservando úmidas as brânquias e capacitando-o a permanecer por períodos bastante consideráveis fora de seu hábitat.

Significado

Posição correta: O peixe transcende seu elemento, conseguindo sobreviver com meio corpo fora d'água, formando uma coroa que representa o companheirismo, a unificação de forças e um pedido mental ou petição. Eles têm que ultrapassar barreiras para permanecer um tempo em outro contexto ou meio (o ar). Implore e agradeça através da Fé pela alegria duradoura, que não é um presente do Todo-Poderoso e, sim, da aprendizagem de cada um dos componentes do casal ou do grupo.

Esta coroação premia a tarefa realizada; tudo foi conseguido, já que o espírito é o todo e em todas as coisas há algo de espírito; pois o espírito é criação de Deus e o Criador está em todas as coisas.

Sua união será prolífica. Seus filhos e/ou criações (literárias, artísticas, etc.) desfrutarão desse amor, que conjuga o corporal, o mental e o espiritual. Paz completa.

Invertida: Os esforços foram em vão; o que estava livre se fechou em si mesmo, trazendo licenciosidade, traição, infidelidade, perda de valores espirituais. Alto grau de falta de comunicação, de confusão, de atordoamento. Grave crise no casal ou no grupo.

O peixe, para voltar à água, não vai fazer um movimento de elítica; ele vai retroceder, vai ter que afundar, o que implica, para este animal sensível, uma profunda tristeza.

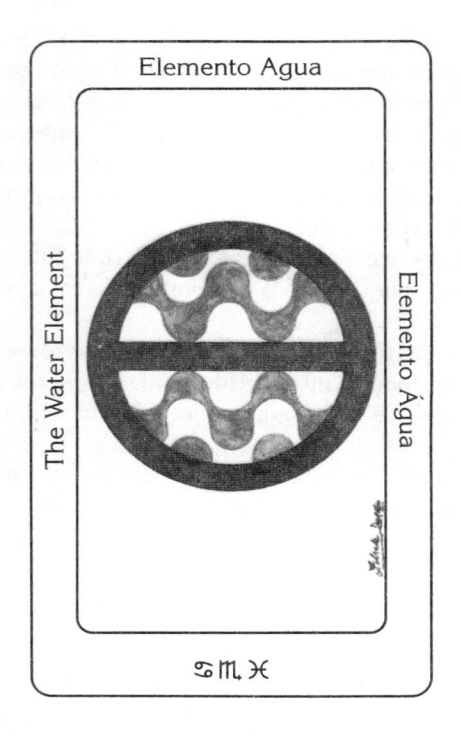

Elemento Água

Tales chamou a Água de "o úmido" (*to hygron*), o princípio de todas as coisas. Ele achava que o Universo e tudo o que ele possui advinha de uma matéria inicial ou primária, e esta seria a água. Ele afirmava isso pensando que todo ser vivo precisava desse elemento para a sua existência.

A água é um elemento feminino e passivo.
A ela correspondem três signos astrológicos:
1. Câncer — Signo Cardeal
2. Escorpião — Signo Fixo
3. Peixes — Signo Mutável

Significado

Posição correta: A capacidade purificadora da Água e seu espírito de prodigalizar coisas. Levaremos em conta as datas que regem os três signos que lhe pertencem. Características: criatividade, intuição, sensibilidade e psiquismo.

Situação de nutrição e nutriente.

Invertida: Semelhança com o anterior, modificando-se as características e a situação. Com respeito à primeira: instabilidade, volubilidade e indiferença. Quanto à segunda: situação de sede ou aridez.

Ás de Terra

Um touro, animal forte que investe, com seu enorme poderio, contra tudo o que houver pela frente. A imagem foi muito usada em diferentes culturas em lendas, mitos (Minotauro) ou inspiração simbólica dentro da Arte (O touro da casa Farnesio — Museu Nacional de Nápoles; o Touro Solar — Museu Britânico).

Em astrologia, o touro é o animal que corresponde ao primeiro signo de terra. Ele revela-nos sua capacidade de empurrar, sua força para investir e, muitas vezes, sua obstinação. Ele é o que começará, o que tomará a iniciativa.

A imagem na carta mostra estabilidade, dando as características de uma posição tomada e demonstrando que está prestes a empreender sua marcha.

Significado

Posição correta: Todo projeto que se inicia, em termos econômicos ou materiais, terá bons resultados, obterá lucros e benefícios.

Empreendimentos rentáveis, conquistando tudo o que estiver no seu caminho. Aquilo que pensou, faço-o; a influência é benéfica. Por ser Vênus o planeta regente de Touro, em tudo o que começar, encontrará delicadeza, finura e beleza.

Momentos prazerosos e agradáveis.

Invertida: Teimosia, obstinação, características que o levarão à confusão e à cegueira; reconsidere a situação. Não se deixe levar por paixões. Cobiça e falta de altruísmo.

II de Terra

> Algo enorme se ergueu entre nós, convertendo a água em espuma cor de vinho xerez e logo voltou a mergulhar dando um rugido. Essa coisa preta reluzente era a cabeça de um animal semelhante a uma foca imensa, cuja altura era menor que seu comprimento. Calculo que seu vulto seria como o de um hipopótamo adulto (refiro-me à cabeça). Tenho a impressão de que abandonamos aquele lugar a uma velocidade supersônica.
>
> — Segundo o naturalista e escritor Ivan T. Sanderson,
> *Monstruos y Bestias Míticas*, Ed. Noguer S.A.

Os nativos dessa zona da África Ocidental disseram que essa criatura era um M'Koo; acredita-se que não come carne e que se alimenta de frutos e ervas.

Outro zoólogo importante dá crédito a essa experiência. Referimo-nos ao dr. Bernard Heuvelmans, em sua obra *On the Track of Unknown Animals*, onde elogia o naturalista Sanderson por todos os seus trabalhos.

Segundo o respaldo científico acima mencionado, esse animal pode existir pois a África é uma terra de mistério e ao mesmo tempo de contradições e de dicotomias, como esta carta.

Pensemos num animal enorme, negro, com um rugido que aterroriza; no entanto, tudo isso parece um disfarce, como se quisesse salvaguardar sua intimidade, já que não é carnívoro.

Evidentemente, poderia se deduzir que se trata de um animal anfíbio, que pode pernoitar na água ou na terra. Ele afasta cuidadosamente seus possíveis adversários, como se cuidasse do seu território com uma perseverança e responsabilidade que, evidentemente, permitiram que ele sobrevivesse. É como se Kronos, o deus do tempo, tivesse sido benevolente com ele, talvez porque em seu veredicto considerou que, apesar de sua aparência, ele era totalmente inofensivo.

Significado

Posição correta: Possibilidade de alternar entre dois meios ao mesmo tempo, mantendo, porém, um perfeito e justo equilíbrio. Caráter quase paternal, mas inflexível, podendo chegar à ira, transformando-se depois em algo terno e bondoso e, talvez, porque sua natureza lhe permite, em algo melancólico.

Qualquer das situações que escolher será efetiva.

Invertida: Perturbações do exterior que impedem a concentração; conseqüentemente, não poderá lidar com duas situações econômicas ou financeiras. Será difícil deixar uma e aceitar a outra.

Seu tempo se encurtou e o veredicto será negativo. Portanto, pesquisar e pensar no que mais lhe convém complica a sua situação; criticando excessivamente, você perde suas oportunidades. Você é vítima de suas próprias elucubrações.

III de Terra

Esta carta mostra duas girafas em pé, numa posição firme e confiante. Os ossos de suas pernas suportam toda a sua ossatura, apesar de seu tamanho e altura. Uma delas prefere auxiliar suas companheiras (característica Virginiana) ajudando a colher os frutos, sabendo que a prudência (característica Capricorniana) poderá mantê-las vivas, considerando, após cautelosas análises (Virgem) que, colaborando com as companheiras, serão favorecidas (característica Taurina). Um pescoço muito comprido (zona de influência de Touro) dá-lhes uma aparência de altivez, elegância e harmonia (Vênus e Saturno agindo em íntima relação).

Em síntese, a trilogia da Terra unida.

Significado

Posição correta: Conjunção de trabalho, serviço e poupança, com esforço. Talento e sabedoria. Associações perfeitas.

Invertida: Egoísmo, cinismo, totalitarismo. Trocando em miúdos, ignorância e obstinação.

Desunião de esforços e falta de colaboração.

IV de Terra

No topo de uma montanha, vê-se uma cabra; embaixo de seus pés, 4 moedas de ouro. O quatro é o mais terrestre dos números. Recordemos que o símbolo da terra é um círculo com uma cruz em seu interior (veja a carta da Terra) que o divide em 4 segmentos perfeitamente iguais de 90° cada um (90 x 4 = 360, ou seja 3 + 6 + 0 = 9). Capricórnio começa nos 270° da eclíptica (2 + 7 + 0 = 9); ele começa no fim da nona casa do Zodíaco pertencente a Sagitário, e culmina nos 300° (3 + 0 + 0 = 3). Assim, a roda da vida vai girando até alcançar a casa de Touro, primeiro signo de Terra que começa a 30°. A roda gira e nunca pára, transmutando e mudando (o 9), através de ciclos (o 3), tudo o que está determinado, fixo ou em repouso, estabelecido e equilibrado (o 4).

Significado

Posição correta: Graças à sua perseverança, você consegue o êxito que havia planejado, proposto para si mesmo, ganhando um terreno muito importante a partir do qual pode controlar, dirigir e mandar. O êxito pode acarretar solidão e, para alcançá-lo, talvez você tenha que dormir sozinho. Lucro econômico. A cabra sempre chega ao topo da montanha.

Invertida: Sua extrema severidade pode afastá-lo da realidade que o rodeia ou você pode cair em ambições desmedidas. Avareza, temores ou, no outro extremo, esbanjando e gastando desmedidamente, confiando que sempre voltará a ter sucesso na vida material.

Lembre-se de que quanto mais alto chegar, mais deverá se cuidar. É difícil para os seres humanos manter o equilíbrio quando estão no alto. Você pode ser surpreendido e cair tão depressa como subiu.

Você não aprendeu a lição de Saturno, juiz muito severo, mas justo. Tudo tem seu tempo certo e sua justa medida.

V de Terra

Um vulcão, e uma cabra dentro dele. Num panorama noturno e frio, podem ser avistados no céu 5 morcegos. Passa-se do 4 de Terra para o 5, o número do Homem. Mas diversos fatores fizeram com que não se pudesse tirar proveito da lição de estabilidade dada sob o número 4.

Um mundo de escuridão rodeia a montanha. A cabra, que estava lá em cima, cai abruptamente na boca do vulcão, chegando às profundezas da Terra em si, a seus fogos internos, que a consomem e destroem. O signo do Escorpião representa o vulcão, a profundidade, os cinco morcegos, os temores, a apreensão e o subconsciente.

Também chegamos à conclusão de que a cabra passa pelo fogo (Signo de fogo: Sagitário), que purifica até chegar ao epicentro das erupções internas do vulcão (Escorpião, com seus dois regentes planetários: Marte e Plutão): isto é, atravessa a nossa casa Astrológica e continua retrocedendo até a oitava, que pertence a Escorpião (casa da herança, da morte, dos medos subconscientes, etc.).

Significado

Posição correta: Retrocesso total por não aprender a lição de vida recebida. O fogo e a lava destroem todas as chances de retomar o caminho ascendente.

Perdas econômicas muito graves; desemprego. Obscuridade e morbidez de pensamento, mesmo em termos financeiros. Seu espírito se anuviou; uma força vampírica absorveu sua energia. A solidão está presente no seu caminho.

Invertida: Você pode recobrar alguma posição vantajosa, mas nada será fácil e o que conseguir talvez não seja permanente, nem dure muito tempo. É aconselhável retomar os valores espirituais para recuperar o seu equilíbrio.

VI de Terra

O Homem, animal soberano sobre os outros que com ele compartilham o seu reino, reparte o alimento em partes iguais, dando 6 fardos de comida à preconceituosa cabra e ao impetuoso zebu.

Significado

Posição correta: Você ganhou, pois recebeu do poderoso, que com justiça lhe oferece sustento.

Receba-o como um presente; como oferecimentos de trabalho importantes. Contratos e sociedade em que cada um receberá sua parte numa divisão igualitária.

Aproveite esta oportunidade.

Invertida: Não deixe que a sua teimosia ou a sua onipotência o ceguem. Não queira mais do que merece.

Perigo de inveja, corrupção, contratos fraudulentos, chantagens e extorsões.

VII de Terra

Um Homem sobe na sétima palmeira depois de considerar que, por ser a mais alta ou a que melhor se vê a partir de sua ótica, terá frutos que não serão só para ele, pois serão divididos com os outros.

A terra, fecunda por natureza, não o decepcionará, mas o fará gozar de sua riqueza, e seu amor se verá refletido em tudo o que ela lhe oferecer.

Significado

Posição correta: Momento de recolher, de verificar o que se semeou no passado. Comprovar que a palmeira foi fiel, oferecendo-lhe seus frutos, tão leal e servidora como o Homem será com os que o rodeiam. Um ser que não especula, mas divide com os outros e espera o mesmo de seus semelhantes.

Invertida: Falta de análise; nem sempre o que é mais alto, maior, mais forte e presumivelmente mais seguro é o que contém mais frutos. Nem sempre o que você semeou primeiro é o que crescerá mais depressa.

Suas conjecturas foram precipitadas; sua impaciência lhe traz escassa prosperidade, mesmo tendo investido a mesma soma de trabalho. Procure basear-se na experiência de seus antecessores, pois a experiência da terra e seus mistérios o Homem aprende na velhice. Eles poderão ajudá-lo quando você precisa de comida, de apoio, de dinheiro, etc.

VIII de Terra

Um Homem criando, fabricando, elaborando seus próprios utensílios e instrumentos para guardar sua comida e bebida. A cena descreve também como a terra não só acolhe o ser humano, como também a sua semente que lhe dará frutos e lhe oferecerá a matéria-prima para construir, criar, moldar e encontrar meios para a sua subsistência. Sem a terra, não existiria a olaria, talvez uma das artes e ofícios mais primitivos do Homem. Touro dá o impulso para criar com certa fineza e sutileza em forma artística e artesanal (por Vênus seu regente). Virgem é o que pensa e depois de uma análise consciencosa, decide que utensílios são os mais apropriados para cada caso, os que são para conservar a comida, os que serão empregados como recipientes de bebidas, etc., passando o seu conhecimento para os outros. E Capricórnio é quem determinará como armazenar esses alimentos, quem calculará com previsão a possível escassez de comida; o administrador, o fiscalizador, o conservador dos métodos mais seguros, uma pessoa prudente.

A Arte do povo Iorubá é das mais reconhecidas e antigas dentro da África. Refinada em suas concepções artísticas, está intimamente relacionada com a religião, seus ritos e cultos. Dois grandes centros urbanísticos ancestrais, como as cidades de Oió e Ifé, destacaram-se nisso, sendo estas apenas parte de grandes complexos onde a Arte se confundia como meio de expressão com a própria vida.

Significado

Posição correta: Caminho percorrido passo a passo, lentamente, mas com segurança. Com essa aprendizagem, você poderá usar seus potenciais e começará a desfrutar de tudo o que conseguir.

Você tomará consciência de que você mesmo poderá criar, com uma capacidade inventiva, novos sistemas, não só tendo em vista o lucro, mas também a ciência, as artes, a alquimia, do mais trivial até o que a mente humana talvez ainda não tenha descoberto. Isso não quer dizer que você não possa pedir ajuda.

Invertida: Não permaneça no impulso ao se sentir seguro e tranqüilo porque tem material de sobra; e não faça do VIII de Terra (lemnisco cósmico, símbolo de infinita sabedoria e inspiração) um paradigma sem chegar a conclusões. Quanto a preservar conhecimentos, não cometa o erro de que estes não possam transcender a outras gerações, pois assim não existirá evolução.

Falta de praticidade; abandono na metade do caminho, práticas inúteis. Energia, trabalho e inspiração que se perdem no tempo. Orgulho e egocentrismo.

IX de Terra

Uma mulher solitária, de costas, lavra a terra para depois plantar a semente.

Significado

Posição correta: Esta mulher adotou essa posição porque prefere sua solidão à incompatibilidade dos que não a souberam compreender, pois o tempo está passando e é o momento de se precaver para o futuro.

Ela prefere afastar-se. E ela sozinha, com sua sabedoria, ao perceber o perigo, mas sem falso orgulho, cultiva com amor uma terra virgem, para depois desfrutar dos seus frutos.

Profundo amor à vida, à Natureza toda, não guardando rancores inúteis e destrutivos.

> Mas a que caiu em boa terra, são os que, com coração bom e reto, retêm a palavra ouvida e dão fruto com perseverança.
>
> — Lucas, 8:15

Invertida: Sua posição pode fazê-lo perder o seu lar, parceiro ou família. Ao estar sozinha, pode ser furtada ou roubada. Tome precauções. Todo êxodo traz conhecimento, assim como perigos ou dissabores, e, às vezes, também sofrimentos.

X de Terra

Na cena, podemos ver dez sacos contendo grãos, milho, pedras preciosas, diversos tipos de frutos, moedas de ouro, etc.

A casa número 10, em astrologia, pertence a Capricórnio, e representa o prestígio, o poder, a posição social, as honras, o reconhecimento das pessoas, glória e fama. Estando relacionada com o desempenho na carreira ou profissão, na ocupação, na tarefa ou no papel a desempenhar numa sociedade ou comunidade, representa o pai e todas as atitudes paternalistas inerentes ao mesmo. Esta carta tem íntima relação com a casa mencionada, por correspondência numérica e pela semelhança dos significados.

Significado

Posição correta: Você conseguiu tudo o que queria ter. Nada foi grátis; muito pelo contrário, foi com muito esforço e tenacidade. Hoje, sua posição é estável, rica e tem o respeito e a admiração das pessoas. O êxito alcançado pode ter sido herdado. Se for assim, continue com o testador e o círculo seguirá eternamente, sem princípio nem fim.

Você está em condições de incrementar o que já possui (terrenos, casas, negócios, veículos, etc.).

Invertida: Ambição desmedida; perda de um ser querido; de uma herança ou legado, do que foi entesourado, de tudo o que havia conseguido. Falta de respeito aos seus parentes mais velhos e à sabedoria de todos os tempos, "Kronos"...

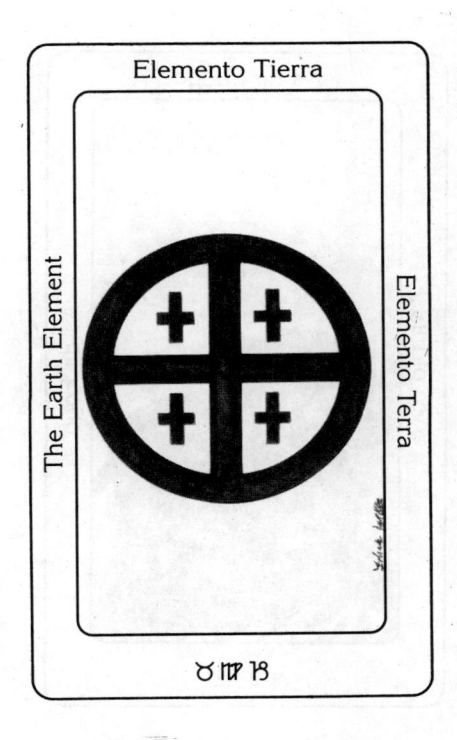

Elemento Terra

Anaximandro acreditava que a origem de todas as coisas estava no "ilimitado" e no "indefinido" (*to apeiron*) e, possivelmente, como diziam os geômetras gregos, "o indefinido" era esférico. É bom lembrar que, como máximo expoente do redondo, na conceitualização do homem, sempre esteve o Planeta Terra.

A Terra é um elemento feminino e passivo.
A ele correspondem três signos astrológicos:
1. Touro — Signo Fixo
2. Virgem — Signo Mutável
3. Capricórnio — Signo Cardinal

Significado

Posição correta: Toda a materialidade oferecida pela Terra, incluindo todos os aspectos e interesses que tiverem a ver com ela. Fique atento às datas que regem os três signos que lhe pertencem. Características: meticulosidade, pragmatismo, determinantes e segurança.

Situação contida ou que contém.

Invertida: Semelhante ao anterior, modificando-se as características e a situação. Com respeito à primeira: teimosia, obstinação, avareza e crítica. Quanto à segunda: situação desembaraçada ou desembaraçável.

Ás de Fogo

O leão representa o sétimo signo do Zodíaco e, por ser considerado o "rei da selva", foi eleito como o representante da primeira carta do elemento Fogo. Outro motivo para esta escolha é a sua "fogosidade" no terreno amoroso. Alguns leões têm mais de 360 encontros sexuais com diferentes fêmeas, num período não maior que 7 ou 8 dias, com intervalos de poucos segundos entre uma relação e outra.

Por ser regido pelo Sol, este lhe confere as características de veemência, vigor e equilíbrio.

A situação ou pessoa que se vir refletida nela, vai querer ser o centro das atenções e também que seus ouvintes cooperem com ela.

Se assim acontecer, ela reforçará o seu Ego, pois se sentirá compreendida e elogiada. Deverá demonstrar-lhe que ela é a pessoa que dirige e toma as decisões e que nenhum outro indivíduo poderá fazer isso melhor. Ela aceitará de bom grado as suas sugestões, sempre que você lhe der a entender que essa brilhante idéia foi inspirada pelo longo e genial aprendizado feito ao seu lado.

Significado

Posição correta: Impulso para iniciar e empreender algum trabalho ou empreendimento. Características de liderança para se dedicar a qualquer atividade.

Embora os trabalhos mais pesados sejam entregues a outros, seu desempenho está em fiscalizar e observar o seu bom desempenho. É uma pessoa carismática, e isso não pode passar despercebido. Seu impulso pode ser forte, mas você sabe quando lhe dar um paradeiro.

Com seu toque pessoal, não haverá tédio nem tristezas.

Grande vigor sexual e intensa atividade nesse campo. Fogosidade. Seu esforço será notado, mas você também deverá se esforçar pois, para obter resultados, é preciso ter o poder de decisão.

Invertida: Há um retrocesso nos planos; terá de adiá-los.

O que estava planejando será rejeitado. Rejeição de planos, cancelando trabalho ou empreendimento original e novo. Mediocridade e falta de "garra". Diminuição da potência sexual; relações distantes ou problemáticas. Esforços inúteis, pois não serão levados em conta. Você não se sente valorizado, está magoado e a ofensa diminuirá suas defesas.

II de Fogo

Um leão e uma leoa guardando as portas de um templo. A fêmea encontra-se do lado esquerdo, representando o lado de nossos sentimentos; e do direito, o macho vinculado com nossas ações ou fatos. Atrás deles, um templo sem obedecer a nenhuma tendência religiosa em particular, mas consagrado à idéia do pensamento verdadeiro ou da liberdade de ação no mundo do raciocínio.

É comum ver em muitas partes do mundo, ainda mais no Oriente, a figura de guardiães em forma de animais guardando a entrada de aldeias, casas, cidades ou templos. Eles criam um campo de ação energético como qualquer célula fotoelétrica.

Significado

Posição correta: Necessidade de juntar forças para a mútua compreensão e proteção. Companheirismo numa nova empresa ou trabalho. A união dos sentimentos equiparados à nossa ação expressa uma atitude lógica, equivalente e racionalista. Se você puser em prática estes princípios, seu domínio se estenderá e conseguirá atingir seus objetivos. Quem transpuser esse portal, também poderá transpor outras fronteiras.

Invertida: Forças em baixa. Falta de prudência e de medidas de segurança contra perigos externos. Suas defesas estão em baixa. Suas ações não coincidem com o que você realmente sente, nem com o que teria que ser. Impossibilidade de intercâmbio.

Custará muito quebrar o gelo (devido a diferenças de idiomas, de usos, a diferenças culturais, ideologias políticas, etc.).

III de Fogo

Três tochas dispostas como um triângulo eqüilátero iluminam, na noite, um saco repleto de lingotes de ouro. É como se eles estivessem escoltando essa riqueza, que brilha por sua própria constituição e também graças à luz das três tochas de fogo.

Significado

Posição correta: Lucros obtidos através de espírito de colaboração e de grande esforço. Poderio, nobreza e fortuna.

Gente influente se associará a você ou colaborará com seus projetos. O que empreender ou realizar gozará de liberdade e autonomia, pois as tochas representam o poder do seu livre-arbítrio e a força do seu espírito.

Invertida: Falta de colaboração e de esforços (o fogo se extinguiu). Opiniões contrárias e interesses criados podem estar escondidos na escuridão e nas sombras da noite, valendo-se de mentiras ou de falsos argumentos para apoderar-se do ouro que cairá, por seu peso, do saco que o continha. O que outrora era liberdade se acabará como a luz o fez, talvez como resultado da vaidade, do orgulho, da corrupção, do egoísmo e da preponderância do material sobre o espiritual. Se o fogo se apagou, foi por falta de oxigênio. Você se sentirá deprimido, sufocado, e pode estar sujeito a fobias, medo de ambientes fechados, etc.

IV de Fogo

Os quatro integrantes da família caminham com seus braços entrelaçados até o mar, formando uma corrente de força e união. Todos estão vestidos de branco e têm em uma das mãos uma vela azul acesa, levando-a como oferenda até as fronteiras do Reino de Iemanjá, para agradecer-lhe a bênção recebida.

Significado

Posição correta: Agradecimento e reconhecimento de todos os favores, ajuda e cooperação recebidos, coletiva e individualmente, mas representando a maioria.

Grupo social, familiar, comunitário ou de trabalho.

Humildade em atos isolados ou interligados que, sistemática e paulatinamente trazem prosperidade, alegria, regozijo e paz.

Invertida: A época da bonança não terminou, mas não se esqueça de que tudo foi conseguido com muito esforço. Não rejeite os pedidos dos familiares ou do grupo, pois a dispersão e a desunião podem causar resultados contrários.

Considere bem isso.

V de Fogo

Um dragão que lança fogo pelas ventas é vencido e afugentado com fogo, e é mantido longe com troncos de madeira acesos.

"O fogo é combatido com fogo."

Assim pensam e assim fazem esses cinco homens que lutam com fé e tenacidade.

Significado

Posição correta: Use as mesmas armas ou outras que possam superar o efeito das armas de seus contendores. Sua astúcia e vivacidade (o fogo mesmo) deverão ser postas a serviço de uma estratégia que dê no alvo para que seu golpe seja certeiro e sua defesa eficaz. A contenda será árdua e fatigante. A besta tentará corrompê-lo. Não deixe que a tentação o vença, senão você será tragado por ela.

Lute honestamente e a vitória será sua!

Invertida: O litígio, a luta, a briga, a contenda, a rinha, a guerra, os obstáculos, o perigo e/ou a calúnia terminaram. Renove suas forças e esqueça... Lembre-se de que o Fogo purifica tudo.

VI de Fogo

Seis homens cansados voltam à aldeia. Depois da seqüência anterior, eles resgataram uma mulher livrando-a do apetite voraz e instintivo da besta. Cada um deles segura uma tocha, cujo fogo parecia brilhar muito mais como prova da vitória obtida. Eles arrastam numa rede o corpo do temido animal.

Significado

Posição correta: A aldeia conhecerá o resultado da batalha e essa notícia se espalhará rapidamente. O mal foi vencido e a beleza da mulher resgatada reflete-se nos dotes de nobreza e bondade do Homem que luta com a justiça como arma ou instrumento para alcançar o sucesso.

A batalha foi um grande estratagema, vencida com arte e ciência. Progresso, fama, sucesso, realização.

Invertida: Não deixe que a soberba ofusque os seus sucessos, pois poderá fazer com que voltem atrás os que querem homenageá-lo, manifestando sua grande admiração.

Não durma sobre os louros conquistados nem caia na monotonia, na preguiça e no ócio extremo, justificando-se com o que já foi conseguido. Não se converta num ídolo ou herói de pés de barro.

VII de Fogo

Um dragão que lança, do ar, sete labaredas. Da terra, um homem se protege com um grande escudo, defendendo-se de tão cruento ataque.

Significado

Posição correta: Grande valentia, destreza e coragem ao enfrentar os contratempos. Rapidez de pensamento e destreza na ação. Você é uma pessoa competente na área mercantil, comercial ou empresarial e determinará quais são as medidas de precaução e defesa contra a concorrência e a rivalidade no seu ramo. Especulará com as oportunidades, estimará e levará em conta as estratégias de defesa — e não as de ataque.

Levará em conta a opinião pública, o público interno e externo, o meio ambiente e a mídia. Protegerá cuidadosamente sua ação com medidas protecionistas que a longo prazo lhe serão rentáveis.

Invertida: Uma posição mais incômoda exigirá recursos, talvez não tão práticos ou evoluídos como o câmbio, a permuta, o pagamento em serviços ou em espécie, etc.

VIII de Fogo

Oito crateras de vulcões são o tema central desta carta. Estiveram apagados e inativos por muito tempo, e agora entraram em erupção, expelindo fogo de suas entranhas, que podem ser vistas perfeitamente na base da figura.

Significado

Posição correta: O que estava adormecido, calmo ou quieto foi despertado com grande versatilidade, com uma agilidade quase espontânea. Você não esperava essa reação um tanto precipitada, mas nem por isso ineficiente.

Mensagens rápidas, orais, escritas ou gráficas, ou em campanhas publicitárias diversas, terão a melhor repercussão e reação nos diferentes níveis e contextos a serem levados em conta. Um amor apaixonado se manifesta de forma inesperada, após longos anos de desconhecimento ou de falta de coragem para manifestá-lo.

Invertida: A explosão foi detida em todos os níveis como se tivesse esfumado, porém não é assim. O que existe é simplesmente um atraso ou uma instabilidade, um período de descanso, de calma, de desaceleração ou demora em todas as áreas acima mencionadas.

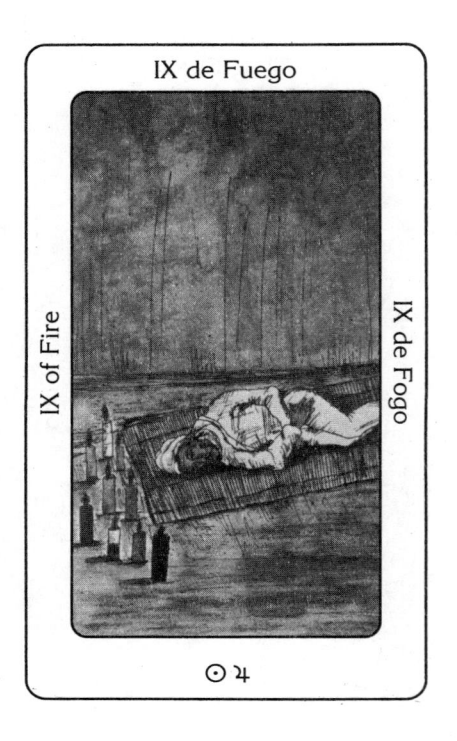

IX de Fogo

Nove grandes candeeiros, cada um deles representando um estágio da meditação e da iluminação. Um homem com a cabeça coberta com um turbante branco está deitado numa esteira em profundo estado místico, sabendo que esse período de ascetismo e jejum resultará na sua transformação e regeneração. (O número 9 é o único que, multiplicado por outro, dá um resultado que, reduzido à unidade, volta a dar 9.)

Significado

Posição correta: Aparente inatividade, pois na sua atividade será mais mental e/ou espiritual à medida que você inicia um estágio de auto-aperfeiçoamento durante o qual terá de poupar suas energias. Para isso, é aconselhável abster-se de coisas materiais a fim de poder chegar a planos superiores de consciência. Abstenção de álcool e de sexo.

Invertida: Alguma coisa espiritual que você não soube ou não pôde conseguir; tempo perdido ou desperdiçado, adiando ou trocando o que realmente tem valor pelo supérfluo. Essas demoras para agir podem abrir portas astrais e/ou materiais para seus concorrentes, causando-lhe inúmeros imprevistos e dificuldades.

X de Fogo

Dez montes de carvão acesos antecipam uma prova de força e coragem, mas também a confirmação da verdade, do real, não deixando lugar para dúvidas ou incertezas. Chegou a hora de mostrar o que se pode e o que se deve ser. Quando a verdade do espírito prevalece, a matéria não é prejudicada. Um *Omorishá*, com seu Santo incorporado, caminha sem se perturbar sobre essas brasas. Depois, não registrará nenhum dano corporal, nem queimaduras, nem bolhas e nenhuma ferida. O transe e sua fé são tão fortes e o poder do Orixá ou Orichá tão ilimitado como se tivesse coberto seus pés com uma capa etérea e invisível de amianto, para assim proteger seu filho ou médium e mostrar sua presença na terra.

Significado

Posição correta: Você terá de enfrentar as provas que a vida ou o seu karma lhe apresentarem. Peça ajuda a seus guias espirituais, com a confiança de que não será abandonado nos momentos difíceis e passará por esses testes sem nenhuma dificuldade ou revés. Seu prêmio será o aumento da sua auto-estima e o reconhecimento de sua honestidade por parte das outras pessoas.

Invertida: Seus meios não têm sido nem os mais corretos e nem os mais adequados. Por essa razão, o fracasso não demorará muito para chegar. Mil obstáculos surgirão no caminho, trazendo, como conseqüência, o descrédito e enfraquecendo o seu espírito.

Procure reconsiderar, pois você nem sempre poderá escapar às coisas pelas quais tem que passar e, se fizer isso, o saldo será negativo.

Exames e provas de todo tipo nas quais você não conseguirá passar ou que não poderá evitar, mesmo recorrendo às mais estranhas justificativas.

Elemento Fogo

Heráclito acreditava que tudo dependia da mudança e do conflito entre os opostos, regidos pelo *logos* ou "proporção da mistura", lei que tudo governa e dá harmonia a todas as coisas. Heráclito identificou o *logos* com o Fogo eternamente vivo, pois ele se transforma em todas as coisas e estas se transformam nele.

O fogo é um elemento masculino e ativo.
A ele correspondem três signos astrológicos:
1. Áries — Signo Cardinal
2. Leão — Signo Fixo
3. Sagitário — Signo Mutável

Significado

Posição correta: A essência vivificante e transformadora do Fogo e seu espírito esclarecedor. Levaremos em conta as datas que regem os três signos que lhe pertencem. Características de ardor, combatividade e vitalidade.
Situação incandescente e abrasadora.
Invertida: Igual ao anterior, modificando-se as características e a situação. Com respeito à primeira: Impulsividade, Intolerância e Totalitarismo. Quanto à segunda, situação de extinção ou de inércia.

Ás de Ar

Uma pomba abre suas asas como um manto protetor sobre a humanidade.
Uma figura cristalina que representa o estado de pureza ou virginal que o Homem traz à Terra. Símbolo do Espírito Santo.

Significado

Posição correta: Você tem um dever a cumprir e leva uma mensagem de paz cujo resultado será o triunfo, revalorizando seus esforços e abrangendo todos os itens, sem deixar nada por conta da sorte, pois nada é fortuito.
É a vitória do amor sobre a mediocridade humana. Um triunfo do espírito. Alto valor artístico. Inspiração.
Invertida: A carta da maior traição. Desavenças. Perigo iminente. Perda da pureza, falta de bem-aventurança.

II de Ar

Dois cisnes nadam juntos, deixando ao longo de sua passagem sulcos na água, que são as sendas pelas quais tiveram que atravessar para poder chegar à comunhão de seus corpos e almas, num abraço sutil.

Quando se encontram, formam um coração, símbolo que predominará por todo o tempo.

Significado

Posição correta: Busca de ideais; comunicação oral ou escrita eficiente. Convênio, transações. União de forças e pensamentos. Amizade. Sentimentos concordantes; fidelidade, lealdade e respeito. Há amor em tudo o que você faz, equilibrando o material e o espiritual.

Invertida: Deslealdade, falta de firmeza nos propósitos, desacordos, falta de comunicação, exaltação e um certo grau de violência. Desconfie e preste atenção ao seu meio ambiente. Reexamine os fatos que pareçam equívocos. Atos e gestos demagógicos.

Os cisnes se movimentam com extraordinária elegância e altivez. Eles nadam mantendo o pescoço ereto, numa demonstração do que parece ser uma constante em sua vida: a fidelidade mútua.

Como presságio de sua morte, o casal emite sons guturais até convertê-los numa melodia. Essa música de características mágicas será ouvida de longe e fará a sua companheira emudecer, em sinal de respeito; e ela o acompanhará até o último momento. Esse silêncio inexorável também será mantido pelos seus companheiros, que testemunharão a cena com extrema dedicação. Talvez se escute, um tempo depois, um som parecido... será a resposta da fêmea comunicando ao seu amor que logo estará com ele.

III de Ar

Uma águia voa e projeta sua terrível sombra sobre a terra. Está já preparada para atacar, de surpresa, sua futura presa, que ainda não tem noção nem conhecimento do perigo que a ameaça. Por esse motivo, não aparece na carta.

As aves de rapina formam uma congregação muito importante na África. Muitas delas, valendo-se só de seu bico, podem destroçar um cadáver e podem levantar as vítimas com suas garras, deslocando-as de um lugar para outro. São tenazes na perseguição e depredadoras na luta. Os antigos egípcios usavam esse pássaro para representar uma parte do seu país.

Significado

Posição correta: Perigo, ruptura, depredação. Separação. Inconvenientes e obstáculos. Será presa fácil de seus inimigos. A sombra da dúvida e os ciúmes o condenarão a um triste destino. Violência e perversidade.

Invertida: Os tempos de extremo desespero já passaram. Possivelmente, o perigo também, mas as feridas não podem ser curadas facilmente.

As lágrimas voltarão a brotar por causa de lembranças dolorosas. A cicatrização será lenta e difícil, pois o seu coração foi arrancado do seu corpo.

IV de Ar

Um homem estirado em plena savana africana, com quatro aves de rapina ao seu redor. Uma delas está a ponto de atacá-lo, enquanto as outras estão bicando suas carnes, causando-lhe grande dor. Uma ataca-lhe a cabeça (seu futuro, o planejado), outra os pés (seu passado, o que ele fez). A terceira pousará suas garras na altura do seu plexo solar, desequilibrando-o. A quarta apóia logisticamente as restantes, silenciando a cena e projetando sua sombra maléfica para que ninguém se inteire do sucedido.

Significado

Posição correta: Situação ou lugar de perigo. Sua posição é completamente desfavorável. Não há como escapar, não há o que fazer pois você está sendo atacado por todos os lados. Os caminhos estão fechados. Nada pode ser realizado. Há inconvenientes em todos os níveis. Seus pés e mãos estão atados.

Invertida: Doença, convalescença, necessidade de repouso e de cura. Feridas e penas causadas pela solidão. Ninguém o entende; ninguém se lembra de você.

V de Ar

Muitas aves aquáticas freqüentam os lagos e rios da África, levando uma vida de comunidade e até colaborando com alguns animais, como o crocodilo, que poderiam ser perigosos. Mas isso parece não assustá-las. Algumas dessas aves avisam os crocodilos da chegada do homem e até colaboram com eles limpando-lhes os dentes e removendo restos de alimentos.

O perigo do extermínio dos grous deve-se ao fato de possuírem uma plumagem vistosa, muito cobiçada pelos caçadores.

Na figura, são vistos à beira de um lago, onde compartilham despreocupadamente seu hábitat, cinco grous e um crocodilo. O crocodilo parece tranqüilo e calmo; nada o perturba.

O verdadeiro perigo, que mal pode ser percebido na cena, está na figura do cano de um rifle.

Significado

Posição correta: Você está brincando com o perigo, uma atitude valente, mas, ao mesmo tempo, inconveniente, não medindo o risco que pode correr para salvaguardar a integridade de outros. Se bem que algumas de suas características possam levá-lo ao triunfo, não deixe que os outros o influenciem. Para isso, valha-se da seguinte advertência: despreze a vaidade e o orgulho; fique mais atento à sua intuição e peça ajuda aos outros. Não se vanglorie de suas virtudes, pois o perigo pode estar camuflado e pode passar despercebido.

Invertida: Inveja e cobiça extremas. Ambições negativas. Pena.

VI de Ar

Seis pássaros se afastam da beira do mar. Poderiam estar procurando outras terras, ou simplesmente voando, como se estivessem brincando no ar, onde se sentem rainhas do céu, com o dom de voar e o poder de pernoitar em qualquer costa cujo clima seja favorável.

Significado

Posição correta: Conjunto, peregrinação, congregação, êxodo, aglutinação, afastamento em busca de alguma coisa nova ou muito desejada.

Emissários ou representantes. O seu destino final pode chegar através da água em outras terras, ou pode estar relacionado com esse elemento, ligado à espiritualidade e no nível mais alto do psiquismo.

Invertida: Dispersão, distração, falta de tranqüilidade. Imobilidade, enraizamento, acomodação. Tudo o que não sofre mudança.

VII de Ar

Uma paisagem desoladora, uma árvore sem folhas, num dos seus galhos vê-se um ninho de pássaros de onde se erguem sete cabeças de filhotes famintos.

É como se pudéssemos ouvir o seu piar, como um lamento queixoso, chamando alguma forma de amor, a possibilidade de resgate e de recuperação.

Significado

Posição correta: Possibilidade de abandono; falta de recursos; perda de objetos ou de pessoas; extravios.

A ausência de uma diretriz pode trazer momentos de desespero, desatino ou esforços vãos.

Pedido de auxílio e/ou de ajuda.

Invertida: A carência faz parte do passado. Os termos promissores voltarão. Reencontro com arquétipos maternos.

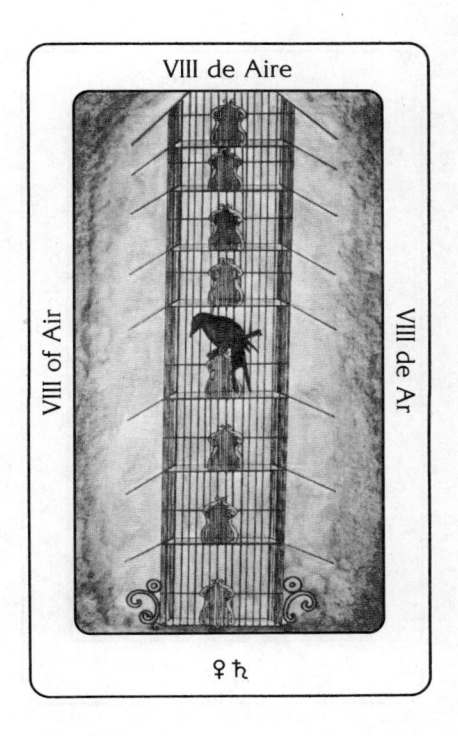

VIII de Ar

Uma grande jaula de oito andares, cada um deles com uma porta.
Nela foi presa uma andorinha.
É como se a tristeza envolvesse esta cena, que parece ser inverossímil ou impossível.

Significado

Posição correta: Desejo de prender ou encarcerar algo puro e inocente.
Não se pode esconder a verdade ou detê-la. As barras representam a ignorância e a necessidade malvada dos algozes. Deter o que naturalmente deve evoluir e encontrar outros rumos ou destinos.
"Prefiro incomodar com a verdade do que agradar com adulações." Essa frase é de Lúcio Sêneca (4 a.C. — 65 d.C.), filósofo e dramaturgo romano que declarou os escravos como irmãos.
Invertida: A jaula está de cabeça para baixo e, ao ficar nessa posição, você terá a possibilidade de escapar, de fugir, de recuperar a visão do livre-arbítrio, pois as portas desta grande cela serão abertas por seu próprio peso, deslizando entre as barras.

IX de Ar

O tempo de caça e perseguição começou e os canos de nove rifles já podem ser vistos.

Estão apontando para um pássaro que, num vôo desesperado, tentará esconder-se entre árvores ou num matagal.

Significado

Posição correta: Preocupações, sofrimento, pressões e perigos subjacentes.

Alguém deseja alguma coisa que nos pertence, talvez os credores ou alguma doença. Risco de morte.

Invertida: Ocultamento. Reclusão. O prazo ou período requerido chegou a seu final. Medidas tomadas a tempo. Você pode e deve acabar com esse período. O ciclo já terminou. É o final dos tempos e é preciso preparar-se para isso.

X de Ar

Dez pássaros mortos jazem no chão. Suas asas não levarão mais ilusões e sonhos por realizar. Nem sulcarão os ares como mensagem de liberdade e não espiarão das alturas o estranho comportamento dos Homens.

Foram vítimas do "amor do homem" pelo esporte.

Significado

Posição correta: Ruína econômica e material. Sentimentos negativos. Má saúde. As previsões desta carta não são nada favoráveis; muito pelo contrário, carregam maus presságios e infortúnios de toda índole.

Invertida: Você volta a tomar uma posição na vida e renasce, como a "Fênix", de suas próprias cinzas.

Triunfo absoluto depois de árdua luta do bem sobre o mal.

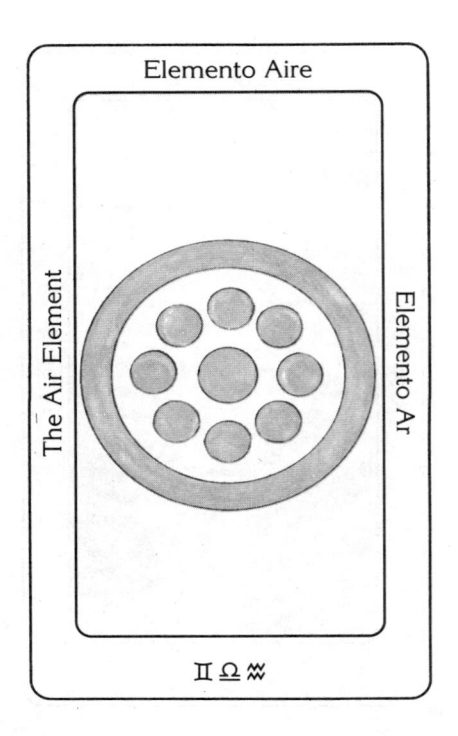

Elemento Ar

Anaximenes afirmava que a origem de todas as coisas era o ar (o alento ou o sopro).
A partir dele, adquiriam vida o Homem e tudo o que existia.
O ar é um elemento masculino e ativo.
Estes três signos astrológicos lhe correspondem:
1. Gêmeos — Signo Mutável
2. Libra — Signo Cardinal
3. Aquário — Signo Fixo

Significado

Posição correta: A característica oxigenante do Ar e sua essência glorificadora.

Leve em conta as datas que regem os três signos correspondentes. Características: intelectualidade, expansividade, lirismo e comunicação.

Situação de associação e de confraternização.

Invertida: Semelhante à carta anterior, mudando-se as características e a situação. Em relação à primeira: volatilidade e inconsistência; quanto à segunda: uma situação de dissociação e de desumanização.

Quanto às características dos signos astrológicos dos Quatro Elementos — ou seja, cardinais, fixos e mutáveis —, têm os seguintes significados: são chamados cardinais porque, quando o Sol entra em cada signo, tem início uma das quatro estações do ano; isto é, equinócios e solstícios. Os signos fixos ocorrem no momento eqüidistante ou no ponto médio de cada estação; os signos mutáveis indicam o fim de cada estação.

ELEMENTAIS

Os elementais representam um grau de evolução na escala angélica, albergando os quatro elementos: o Ar, o Fogo, a Água e a Terra.

Eles são o motor que torna vívida a idéia ou concepção de que nada está inerte, estático ou imóvel; pelo contrário, em cada fase está latente a obra de Deus.

O Homem elaborou a teoria de que em cada elemento há uma força regente. Essas forças, chamadas "elementais", foram moldadas de acordo com as idéias humanas e fazem parte das criações artísticas — pinturas, esculturas, peças, óperas, etc.

Eles faziam parte dos sonhos e das esperanças, formando parte de um grande número de obras literárias e de filmes, nem sempre para crianças.

Foram e são as personagens centrais de contos e lendas que estimulam a nossa imaginação, tornando-nos mais sensíveis e convencendo-nos de que em todas as coisas há vida.

Começando pela Terra, diremos que nela se encontram os gnomos e duendes, que cuidam da fecundidade da mesma, possibilitam seus diversos intercâmbios e modificações e protegem os minerais, os metais, as pedras preciosas, etc.

No Fogo vivem as salamandras, que representam a força, o fogo interior da Terra, a primeira faísca que acende e cuida de tudo, conduzindo essa energia desde o centro da Terra até a sua superfície, e desde o Sol até o nosso planeta, afastando as sombras e a escuridão, alimentadas pelos temores e medos que a própria insegurança dos homens cria.

Dentro da Água vivem as ondinas, que quase sempre estão em movimento, originando o incessante ir e vir das águas com seus fluidos para descarregar imperfeições energéticas que têm a ver com o psiquismo e com a nossa conduta na sociedade; elas conhecem todo o passado e o futuro da humanidade, ajudando-nos a viver o presente, sendo grandes fontes de inspiração de obras de arte, aumentando o talento e revelando dados e habilidades que enriquecem o conhecimento humano.

E, finalmente, no Ar se encontram os silfos, as almas do Ar, que elevam nos homens a inocência até os mais altos estratos e protegem os bons pensamentos e rejeitam os outros.

Inspiram-nos na Ciência, na Arte e em tudo o que é espiritual.

Ondinas e Sereias

Elas regem as áreas de comunicação ou expressão em suas diversas formas: oral, escrita ou gestual. Possuem um espírito solícito para com o próximo, e criam sentimentos de fraternidade.

Significado

Esses elementais representam todos os que, tendo muitos anos de experiência em certas áreas, ou tendo herdado um certo tipo de comportamento, estão ligados a atividades que aliviam a dor física: pessoas como os médicos, os fisioterapeutas, entre outros. E como são comunicadores sociais, podem ser repórteres, locutores, críticos de arte, críticos de cinema, etc.

Junto com cartas não totalmente positivas, eles nos acautelam sobre a falta de humanitarismo ou sobre a ausência de solidariedade. Falta de comunicação.

Mensagem da Água

Uma enorme ostra com uma sereia dentro, em atitude de grande elegância, demonstrando nessa pose ser uma espécie de princesa das águas. Sobre a cabeça tem uma pequena coroa que lhe dá certo nível aristocrático, com incrustações de cinco pedras (pois cinco são os sentidos, cinco são os dedos da mão e cinco os continentes através de cujas águas ela pode viajar). Com a mão direita (com a qual geralmente apontamos os objetos, gesticulamos e fazemos movimentos para dar instruções, etc.) ela sustenta e retém as rédeas com as quais indica o rumo dos dois cavalos do mar (aqui se misturam as formas do hipocampo com as características do cavalo comum). Um deles é branco, mas possui detalhes pretos, enquanto o outro é preto com detalhes brancos, como uma referência à busca de um perfeito equilíbrio de forças.

Podemos fazer um paralelo com a Filosofia e, para isso, vamos nos remeter ao mito mencionado no *Fedro* de Platão (o filósofo nascido em 427 a.C. em Atenas), no qual ele nos conta que a psique compõe-se de três partes: a) a racional — situada na cabeça —, b) a emotiva — situada no peito — e c) a apetitiva — relacionada com o concupiscível, situada na área do ventre. A psique viaja numa carruagem puxada por dois cavalos, um deles branco e obediente (a psique emotiva) e o outro, preto e rebelde (a psique apetitiva). Eles são dirigidos por um cocheiro, que representa o equilíbrio de forças (a psique racional). Assim a psique vai desde o *topos uranos* (o mundo eterno e perfeito, habitado por idéias e formas) até o mundo sensível.

Ao empinar-se o cavalo preto, o cocheiro, apesar de ajudado pelo cavalo branco, não pode evitar o tombo. Como conseqüência, a psique não lembra mais o que viu no Mundo das Idéias e introduz-se no corpo.

Nossa psique apetitiva, que é rebelde e representa o peso de nossos desejos materiais, só pode ser dominada com uma árdua luta, utilizando o domínio da razão junto com as nossas emoções.

Significado

Posição correta: Vitória triunfal, máximo prazer ao saber que se pode vencer as dificuldades, ajudado ou não por outras pessoas; fatores materiais e/ou energéticos em qualquer nível de interpretação.

Para isso, você precisa valer-se da sua integridade como um ser pensante e racional e vencer baixos desejos e interesses a fim de chegar ao fim proposto. Como resultado, você terá a concretização de seus propósitos. Tudo isto pode ter um preço muito alto no começo, porém, em hipótese alguma, desagradável.

Invertida: Fracasso nos seus pensamentos, resoluções, sonhos quiméricos ou fantasias. Desejos carnais ou concupiscentes, êxito pouco ético ou amoral. Fracasso em diversas atividades e em diferentes níveis.

Duendes e Gnomos

Esses elementais governam as circunstâncias que nos cercam, relacionando-nos com o nosso contexto social. Eles agem sobre as coisas materiais e proporcionam proteção física.

Significado

Pela antigüidade da Terra, esses elementais podem representar seres muito antigos, muito tradicionais ou com muita sabedoria. Tratando-se de um homem, será rico, com caráter firme e estável (características típicas da Terra). Terá êxito no campo financeiro. Seus contactos são importantes. Se for mulher, terá um caráter batalhador e persistente, com muita confiança em si mesma. Você não admitirá que o desapontem. Nem aceitará fraudes e mentiras. Nem será parceiro de alguém desse tipo. De um nível econômico bom, você saberá utilizá-lo para o bem de todos.

Junto com cartas menos positivas, elas o advertem sobre possíveis egoísmos, egocentrismo e materialismo. Processos legais e físicos desfavoráveis.

Mensagem da Terra

Um ser diminuto das profundezas e da superfície da Terra, rodeado de riquezas que o seu meio lhe proporciona.

Um duende, um gnomo, para representar o elemental da Terra. Eles se parecem com a figura típica que temos deles. Os traços angulosos e os olhos saltados enfatizam sua inteligência e vivacidade; sua longa barba branca é uma referência a seus anos de império e revela sua idade.

Tem nas mãos uma moeda, pois esses seres são os guardiães e fiéis protetores dos maiores tesouros. Eles ajudam em tudo o que se refere à riqueza e ao bem-estar material, protegendo o gado de pestes e doenças, tornando o solo fértil, as colheitas mais abundantes, etc. De um lado, tem uma pilha de lingotes de ouro e, do outro, um saco cheio de pedras preciosas e moedas.

À sua frente, outras gemas e pepitas de metais preciosos. E mais longe, há um trevo de quatro folhas, símbolo da boa sorte. (No Ocidente, acredita-se que essas criaturas vivem entre as folhas do trevo.) Vê-se também um raminho de visco, planta muito venerada pelos celtas e druidas. Contam-se muitas histórias sobre gnomos, como os dos campos irlandeses, onde eles são personagens das lendas ligadas aos velhos castelos.

Afirmam alguns estudiosos que gnomos e duendes têm um caráter jovial, alegre e muito jeito para fazer brincadeiras inocentes e inofensivas, tais como esconder objetos para fazê-los aparecer depois.

Significado

Posição correta: Você será favorecido e recompensado em termos financeiros ou com bens por toda a idoneidade e competência com que se portou em tudo o que fez.

São favoráveis as atividades relacionadas com a terra, tais como: a agricultura, a criação de gado e, mais especialmente, a mineração. Áreas de estudo como engenheiro agrônomo, fazendeiro, peão de campo, geólogo, etc. Bom êxito em qualquer tipo de planos, sonhos e projetos.

Invertida: Possíveis perdas econômicas importantes. Obstáculos nos estudos e nas carreiras acima mencionadas. Perda da memória e falta de vontade para aprender. Terras pobres em minerais, falta de adubo, seca, terrenos desérticos, salinas, falhas no terreno, movimentos de terra, etc. Gado magro, infestado de parasitas, doente. Safras perdidas, pragas, falta de semente, etc.

Brincadeiras pesadas, sem graça nenhuma; procure não ser o autor da brincadeira ou sua vítima.

Salamandras

Esses animais regem as funções fisiológicas, ajudando no processo da digestão e na temperatura do corpo.

Oferecem ímpeto e coragem, assim como valentia e justiça.

Significado

Esta carta pode representar um homem ou uma mulher de mais de quarenta anos ou com uma grande experiência de vida, que lutam por seus ideais, são notáveis pensadores, estrategistas, militares, governantes. Têm grande força de vontade, são dinâmicos e otimistas, embora realistas e racionais. Junto com outras cartas que tenham um conteúdo pouco favorável, essas cartas advertem sobre a possibilidade de doenças fisiológicas, falta de equilíbrio e metabolismo lento.

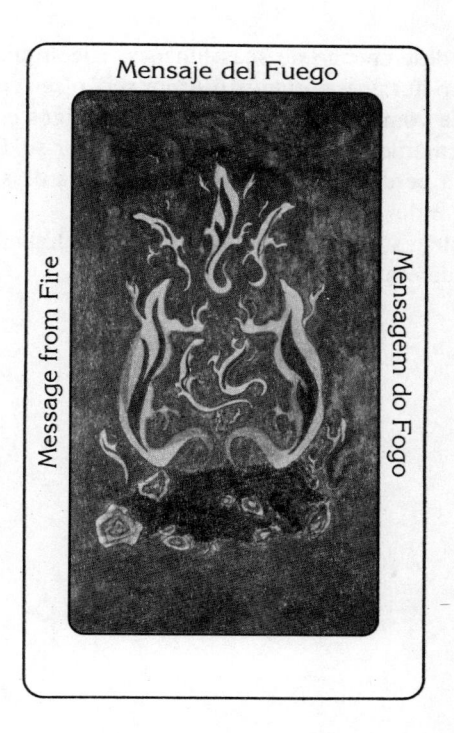

Mensagem do Fogo

Elas enchem nossos olhos de vida, refletindo uma luz imanente. Parecem dançar ao ritmo do estalar da madeira, que fica mais forte à medida que o oxigênio é queimado. Finalmente, as chamas tomam a forma de salamandras.

Separada das demais, é um faísca; juntas, formam uma chama latente que nos proporcionam força de vontade, como o fogo eterno que continua ardendo enquanto houver vida.

Representando o amor universal, o Espírito Santo desce na forma de chamas.

E o Sagrado Coração de Jesus refulge por amor de seus irmãos e de toda a humanidade.

O fogo é um elemento puro e purificador destruindo a ignorância e a torpeza, sendo a expressão do raciocínio e da compenetração mental.

Como energia que desde o centro da Terra nos anima a ir em frente, a trabalhar, a criar, intervindo no nosso metabolismo, ajudando nossas funções orgânicas e influenciando na reprodução da raça humana.

Significado

Posição correta: Não desanime diante de nada ou de ninguém, pois a razão age de acordo com o seu modo de agir. Você tem sido justo, equilibrado em suas atitudes. Coragem no desempenho de suas funções. Hierarquia e altivez nas suas ocupações. A verdade o ilumina; portanto, o Amor será o seu corolário, único meio para ser feliz. Força de vontade para evitar todos os perigos e dificuldades.

Invertida: Não desanime se sua energia parece dissipar-se. Encontre novamente o caminho que parecia perdido. Reanime-se com a força de seus entes queridos; ouça-lhe os conselhos e dê atenção às suas sugestões.

Não deixe que restem só cinzas depois de todo o seu trabalho. Recobre o amor perdido, reforce suas defesas e reavive seu otimismo.

Fadas e Silfos

Esses elementais regem as funções mentais, intervindo em processos de telepatia, aumentando a pré-cognição e a clarividência.

Aumento da intuição e da hipersensibilidade.

Significado

Esta carta pode representar um homem ou uma mulher de idade avançada ou de mentalidade madura, sonhadores, sensíveis, melancólicos, inspiradores, poetas, artistas, professores, escritores, cientistas, etc.

Alguém de caráter agradável, mas decidido em suas convicções. Fiéis e amáveis.

Em combinação com cartas de sentido negativo, processos quiméricos e falsas ilusões. Ilusões perdidas. Falsas expectativas. Projetos sem fundamento ou futuro.

Mensagem do Ar

Etérea e leve, apoiada sutilmente numa nuvem, essa mensageira deixa-se ver através dos olhos anuviados de sonhos, perpetuando a eterna inocência e a pureza do nascimento. Ela é uma fada que atende os desejos e protege os gênios criadores. Ela projeta sua magia celeste de uma mão para outra, fechando um círculo maravilhoso de criação, com estrelas tilintantes e refulgentes. Sua musa inspiradora pode ser vista claramente nos halos que, na forma de pentagramas, descem até a terra, encerrando em si as notas de uma futura melodia. Elas serão recolhidas por algum músico boêmio que saberá combiná-las, para converter-se num artista notável para prazer e júbilo de muitas pessoas.

Seus movimentos sutis, cristalinos, não a privam de sua segurança, coragem e ação.

As sílfides fizeram parte da nossa infância como protagonistas de contos e fábulas. Suas figuras apareciam com debruns protetores, tornando reais os desejos e destruindo a ação dos malfeitores.

Com atitudes materiais, elas sempre protegem os bons, recompensando-os por seus dissabores e pelo abandono em que vivem. Elas nos induzem a colocar nossa fé e esperança em algo superior que possa nos ajudar nas épocas de tristeza e desamparo, e dando a forte convicção de que sua energia estará presente mesmo na sua ausência.

Significado

Posição correta: Prossiga com o combinado e não desanime. Você tem a inspiração e a proteção necessária para terminar sua tarefa, criação, projeto ou trabalho.

Os aspectos negativos se afastarão e sua capacidade será comprovada. Aperfeiçoe os seus sentidos e adestre-se melhor, pois são grandes as expectativas quanto à sua pessoa.

Invertida: Você perdeu a fé nos que o cercam e eles já não são levados em conta no seu trabalho.

Excesso de segurança que, afinal, resultou em instabilidade.

Abandonou-se e, por ter ficado imóvel, não progrediu.

Afaste-se da letargia. Junte-se às coisas que o rodeiam, seguindo a voz da consciência e o impulso interior; surgirão novas energias, e sua capacidade e talento serão um novo baluarte. Se não o fizer, você continuará no anonimato.

Como Energizar o seu Baralho

O Tarô dos Orixás tem forças primitivas de origem divina. Quando as cartas são usadas, produz-se uma força chamada *aché*, que significa graça e energia. As cartas representam um complexo dinâmico de força inacreditável, e juntas elas desenvolvem uma espécie de macrocosmo. Na verdade, o mistério diante de você é um primeiro lampejo de obras-primas dentro de um quarto sagrado, protegido e defendido pelos Orixás. A idéia que estou tentando transmitir é que elas são como manifestações de luz, dando-lhe a elevada energia que vem da essência do bem, para orientá-lo no ato de ler a sorte, na clarividência e na leitura das cartas.

Levando-se em conta o grande poder das cartas quando estão juntas no baralho, as 77 figuras como um todo possuem uma energia ainda mais forte e poderosa. Elas são como os elementos de uma grande fórmula química que não faz efeito separadamente, mesmo quando seus componentes, misturas e proporções são conhecidos.

É muito importante não marcar ou escrever nas cartas. Não as empreste para ninguém (veja recomendações para o uso na Introdução), não as pinte, não faça fotocópias nem as reproduza de nenhum modo. Para a magia, somente o original é válido, e não uma fotocópia da foto. A fotocópia perde seu poder de atração, e mesmo uma fotocópia a *laser* não tem o mesmo efeito do produto original.

Considere o que eu chamo de "batismo de força". Qualquer pessoa que tenha tocado as cartas desde que elas vieram ter às suas mãos, de uma ou de outra forma puseram suas energias nelas, "batizando-as", apoiando-as, entendendo a realidade de que estamos lidando com um Tarô de Alta Magia Branca.

Mas, para deixar isso claro e não restar dúvida sobre o assunto, o Otá não é o Santo e, naturalmente, nenhuma das cartas também. Mas em cada linha de cada carta há força criativa inspirada pelos Orixás. Quantas vezes pulei da cama com algumas frases ou idéias porque fiquei com medo de esquecê-las pela manhã! Também vinham à minha mente representações de imagens inteiras, em detalhe, com as proporções e formatos completamente claros.

Bem, tendo feito esses esclarecimentos, agora é hora de descrever o ritual de preparação das cartas para usar nos trabalhos que você tiver de fazer.

Ritual da Energização

Quando seu corpo estiver limpo (sem ter bebido álcool nem mantido relações sexuais pelo menos sete horas antes do ritual — e não porque exista nisso alguma coisa pecaminosa, mas porque procuramos que o corpo e seu campo vibratório estejam numa freqüência que coincida com as Altas Esferas Espirituais, e que o operador possa, assim, receber mais depressa todos os benefícios, ao estar sua matéria em melhores condições), coloque as Cartas em forma circular, de cabeça para baixo e na direção contrária à dos ponteiros do relógio, sobre um tapete ou lenço branco, de preferência de algodão. Outro detalhe a ser levado em conta é que, se o Oficiante for mulher, é aconselhável, porém não proibitivo, que para este ritual não esteja no período menstrual.

O círculo formado deve ficar fechado, quer dizer, não deixar espaços entre uma carta e a seguinte. Se, por acaso, houver uma separação ou espaço entre elas, comece tudo novamente. Lembre que o círculo é concentrador de forças e que se estiver aberto, haverá dispersão delas.

Bote à direita do círculo um copo d'água, à sua esquerda uma vela branca acesa, na parte de cima; e na de baixo, ou seja, aquela que está mais próxima de você, ponha à esquerda uma porção de terra numa vasilha de barro, e à direita, uma pequena espada, respectivamente. Os quatro elementos estarão assim, representados e presentes no ritual.

Procure estar descalço, com roupas claras (jamais pretas), sem nenhum cinto ou faixa que simbolicamente separe em dois o seu corpo, e olhando para o lugar de onde sai o Sol. É aconselhável realizá-lo ao amanhecer, quando o Astro Rei começa a projetar seus primeiros raios, em qualquer dia da semana, preferivelmente uma quinta-feira ou sexta-feira, ou se conhecer o dia da semana do seu Nascimento e a hora em que ocorreu, será o ideal. Se dessa forma o sente, que coincidam o dia e a hora, mas não o mês, pois não somente seria um redundância, como também uma saturação de arquétipos.

Já pronto, livre a mente de outros interesses, depois respire profundamente pelo nariz, exalando devagar pela boca (sem esforço e de acordo com suas condições e possibilidades físicas), operação que repetirá 3 vezes, com intervalos consideráveis entre elas.

Agora, você está preparado para fazer a Invocação.

Invocação

Ó Deus Todo-Poderoso!
Concede-me a tua graça e dá-me o consentimento
para utilizar para o Bem
tudo o que de ti vier.

Que a minha mente esteja aberta,
que o meu corpo não conheça o cansaço
e que o meu espírito se enalteça dia a dia
contemplando a tua Grande Obra.

Que as tuas cores celestes estejam junto de mim
para minha ajuda e para minha proteção.
E que Eu.............. (nome) possa,

através de meus guias,
ser um farol de luz para as trevas,
o alívio dos que sofrem
e a esperança do desventurado.
Que o Fogo aqui presente purifique meus trabalhos futuros,
que a Terra dê bases firmes,
que a Água dê agilidade, rapidez e transparência
e que o Ar insufle vida em quem dela precisar.
Que assim seja!

— Zolrak

As Jogadas de Cartas de Zolrak

No decorrer dos 17 anos de experiência, em contato com meus pacientes, utilizei diversas e diferentes técnicas de leitura de cartas, todas elas satisfaziam minhas expectativas, mas sempre sentia a sensação de que elas, ao mesmo tempo que me davam pautas de manobras para esclarecer os diferentes delineamentos que surgiam no decorrer de uma consulta, sempre ficava alguma coisa para investigar, para pesquisar, para resolver, portanto recorria à intuição e à clarividência.

Sabemos, porém, que estas últimas funcionam de maneira total e contundente, se todo o nosso aparelho receptor está em condições de fazê-lo, para o qual deve desprezar o cansaço físico e mental, não levar em conta as preocupações pessoais, desligar-se totalmente de barulhos e comoções em geral, que possam vir do meio exterior.

Essas condições, além do grau de percepção extra-sensorial que cada um de nós possa ter, podemos considerá-las como fundamentais e ao mesmo tempo ocasionais, já que para reuni-las em sua totalidade, temos de combinar o espaço, o tempo e a oportunidade nesse tempo, o que o torna não impossível, mas sim infreqüente.

Portanto, comecei a realizar minhas próprias jogadas, experimentando-as, e comprovei que se aproximavam mais e melhor à minha necessidade, que me outorgavam, de maneira mais perfeita e exata, a informação solicitada, dando-me condições para argumentar o que interpretava com mais realismo e de forma mais tangível.

Dessa maneira, fui aperfeiçoando-as e combinando com diferentes conhecimentos; atingi finalmente uma jogada que cobria os mais variados interrogantes abrangendo totalmente as dúvidas e ansiedades de meus consultantes. Chamei-a de "Jogada do Paxoró", em honra a Oxalá ou Obatalá, já que ele, o dono de todo o branco e da luz, poria um manto de brancura e luz sobre o oculto, dissipando as trevas. O "Paxoró" é seu cetro, seu bastão de mando, sobre o qual se apóia para andar quando baixa à terra, e através do qual dirige e governa o mundo.

Esta jogada tem 5 estágios (o homem), e em cada um deles 1, 3, 5, 7 e 9 pontos (ver a importância dos números). O total soma 25 itens ou pontos (2 + 5 = 7).

Uma das minhas jogadas preferidas chamei-a de "Da Cruz Ansata", em comemoração a um notável povo Africano, do Antigo Egito.

Tem 10 itens, pois o 10 reduzido nos dá como resultado o número 1, que representa voltar a começar, o início interrompido da vida.

Jogadas de Zolrak

Jogada de Paxoró

As cartas são dispostas da esquerda para a direita, e de baixo para cima, quer dizer, desde o estágio 5 até o 4, até chegar ao último, onde está a pomba branca, símbolo de Obatalá ou Oxalá.

Aconselho, previamente, a embaralhá-las bem, até ter a sensação quase inexplicável verbalmente, de "saciedade psíquica" ou convencimento interior, através do qual sabemos o momento de parar de embaralhar. Se não tivermos essa facilidade de percepção, é preferível fazê-lo 7, 14 ou 21 vezes, etc., não mais que 7 × 7, ou seja, 49 vezes (cuja soma nos dá 13).

A seguir, peça ao consultante que divida as cartas com a mão esquerda uma vez, e para o lado dele.

Após estes passos, estaremos prontos para colocar as cartas.

Significado das 25 Posições

25. O contexto.
24. O meio ambiente e suas influências.
23. Os elementos que podem ter uma influência direta e que devem ser levados em consideração.
22. Os elementos que têm que ser desprezados, e como fazê-lo de forma conveniente.
21. Forças positivas ou negativas.
20. O que temos de aprender.
19. O que seria conveniente modificar para nosso benefício.
18. O enigma, o mistério, as dúvidas, o desconhecido.
17. O momento atual, o presente.

— Fim do primeiro estágio —

16. A carreira ou profissão.
15. As dúvidas ou cargas negativas do consulente.
14. O futuro e quem pode ter influência sobre ele.
13. O karma. Temores. O que é herdado.
12. A superação do mau karma.
11. O que devemos ensinar, transmitir, revelar.
10. Como corrigir ou superar nossas necessidades (principalmente no campo profissional).

— Fim do segundo estágio —

9. Transmutação e mudança.

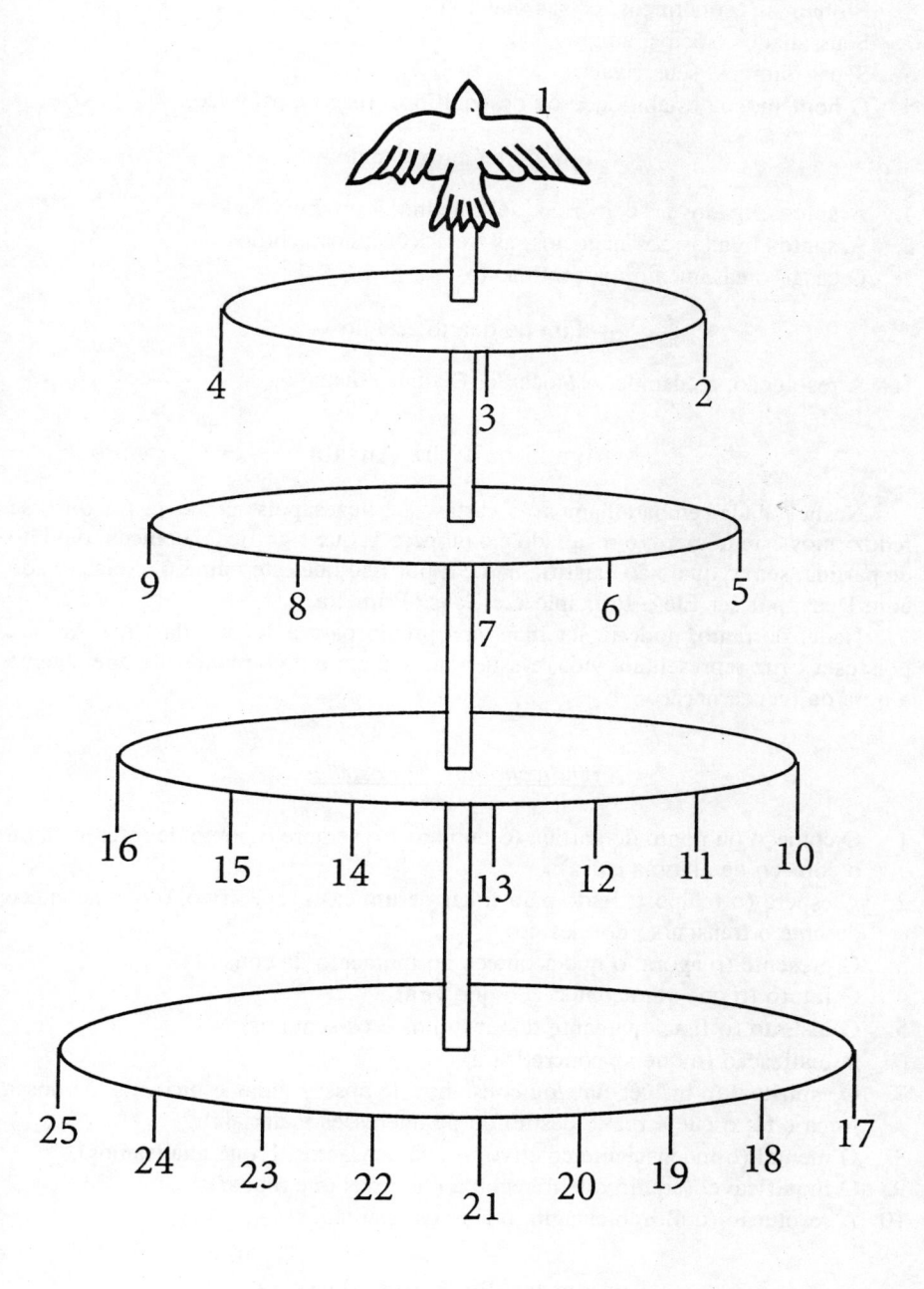

Jogada de Paxoró, de Zolrak

8. Problemas econômicos, coisas materiais.
7. Seus aliados, sócios, amigos.
6. Seus inimigos, seus rivais.
5. O homem, sua estabilidade ou desequilíbrio físico e psíquico.

— Fim do terceiro estágio —

4. Assuntos ligados ao comércio, ao trabalho, à produtividade.
3. Assuntos ligados aos negócios, às transações, aos acordos.
2. O casal, o casamento, os sentimentos.

— Fim do quarto estágio —

1. A resolução, a cúspide, o pináculo. O futuro distante.

Jogada da Cruz Ansata

Nesta jogada, embaralhamos as cartas dez vezes pois, como já foi dito, se reduzirmos este número, o resultado é o número 1, que significa o começo, o ponto de partida, sem o qual não existiria nada. É por isso que este número é relacionado com Deus, por ser Ele o Princípio e a Causa Primeira.

Nada, portanto, poderia ser mais apropriado para a Jogada da Cruz Ansata, pois esta Cruz representa a vida, e esta continua em outros planos até que chegue a hora da reencarnação.

Significado das 10 Posições

1. O começo ou ponto de partida (o número 1 é sempre o ponto de referência ou o começo de alguma coisa).
2. A espera (o tempo exigido para tratar de um caso específico, o que acontece durante o transcurso do mesmo).
3. O presente (o agora, o que acontece no momento da consulta).
4. O futuro (o que vai acontecer, o que virá).
5. O instinto (o funcionamento dos instintos e os sentidos).
6. A realização (o que se concretizará).
7. O espiritual (a influência e/ou conselhos de nossos guias espirituais, de nossa força e fé; o que é real e destituído de interesses materiais).
8. O mental (o inconsciente coletivo, o que pensamos, o que analisamos).
9. O modificável (aquilo que transmuta ou temos que mudar).
10. A resolução (o último estágio, o fim, os resultados).

Jogada das Pirâmides de Gisé

Invocação:

Fortes e poderosas como a própria terra, desde o começo dos tempos, eu, neste momento, invoco-as, para que dêem firmeza e discernimento às minhas palavras.

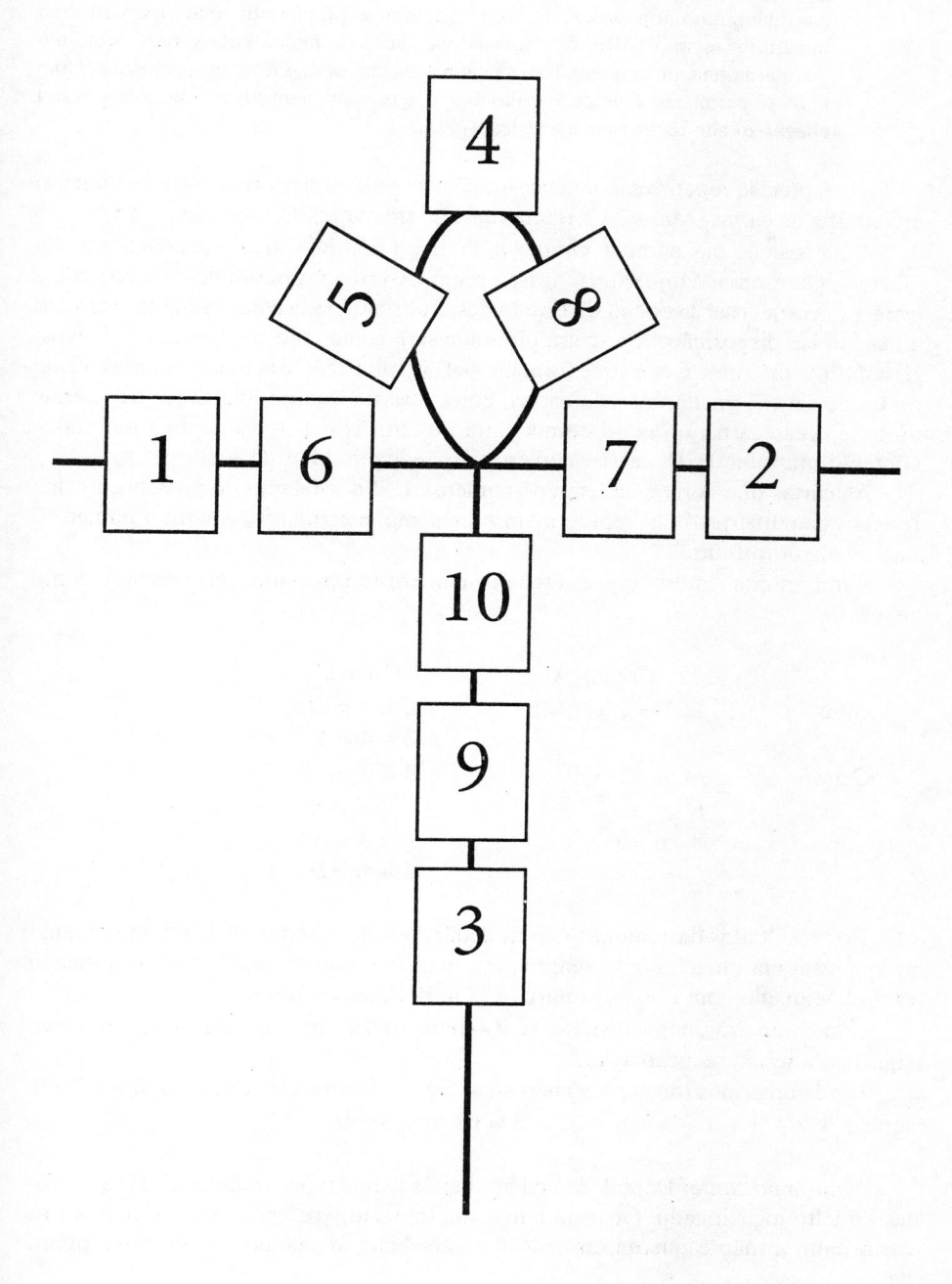

Jogada da Cruz Ansata, de Zolrak

E também para que eu possa ver, mesmo que o vento e a areia toldem a minha visão, e que eu possa ouvir a despeito das vozes de centenas de pessoas incrédulas que queiram confundir-me. Quéops, Quefrém e Miquerinos, que vosso silêncio imperturbável se transforme em sons que saiam da minha boca e que, como um novo arquiteto, eu construa frases adequadas, cheias de sábios ensinamentos. Com a vossa permissão e ajudado pelas forças que continuam vivas, que elas possam chegar ao alto da vossa majestade. — Zolrak

Você precisa repetir essa invocação quantas vezes forem necessárias enquanto embaralha as cartas. Mas não a repita mais de três vezes três ou nove vezes.

A disposição das cartas é composta de três pirâmides, que representam as de Quéops, Quefrém e Miquerinos, nessa ordem. A primeira pirâmide deve ser colocada à sua esquerda; a segunda, à direita dessa última. Essas duas pirâmides formam a base dessa disposição. A terceira pirâmide será então colocada sobre essas duas. Essa última pirâmide é o vértice formado pela combinação das três pirâmides. Cada pirâmide será formada por seis cartas, colocadas da seguinte maneira: três cartas na base, duas cartas no meio e uma carta no alto. Isto é, todas as três pirâmides conterão um total de 18 cartas, número que, reduzido, dá 9 (1 + 8 = 9).

As cartas que correspondem aos números 1, 2 e 3 falarão do passado; as que tiverem os números 4 e 5 representam o presente, e as marcadas com o número 6 nos revelarão o futuro.

É importante lembrar que a soma dos números de cada uma das fileiras é como segue:

	Coluna A	Coluna B
Base	1 + 2 + 3 = 6	6 × 3 = 18 **8 + 1 = 9**
Centro	4 + 5 = 9	9 × 3 = 27 **2 + 7 = 9**
Topo	6 = 6	6 × 3 = 18 **1 + 8 = 9**

Dos resultados das colunas A e B, deduzimos que "o que está embaixo é igual ao que está em cima", e que sempre, em maior ou menor medida, nosso passado está relacionado com o nosso futuro, a "Lei de Causa e Efeito".

Como número final, o resultado é 9, o número das almas e, numerologicamente, significa a lei da reencarnação.

E, se somarmos todos os números das três pirâmides em separado, o resultado será: 1 + 2 + 3 + 4 + 5 + 6 = 21 × 3 = 63, 6 + 3 = 9

Nota importante: Depois de embaralhar as cartas, você pode começar a dispô-las do jeito mencionado. Ou seguindo a sua intuição, você pode primeiro cortar as cartas com a mão esquerda, do lado do consulente, deixando três ou nove pilhas delas.

Em muitos altares das diversas linhas da religião dos Iorubás, na América, encontramos o triângulo que representa a Trindade, e, no seu centro, um olho,

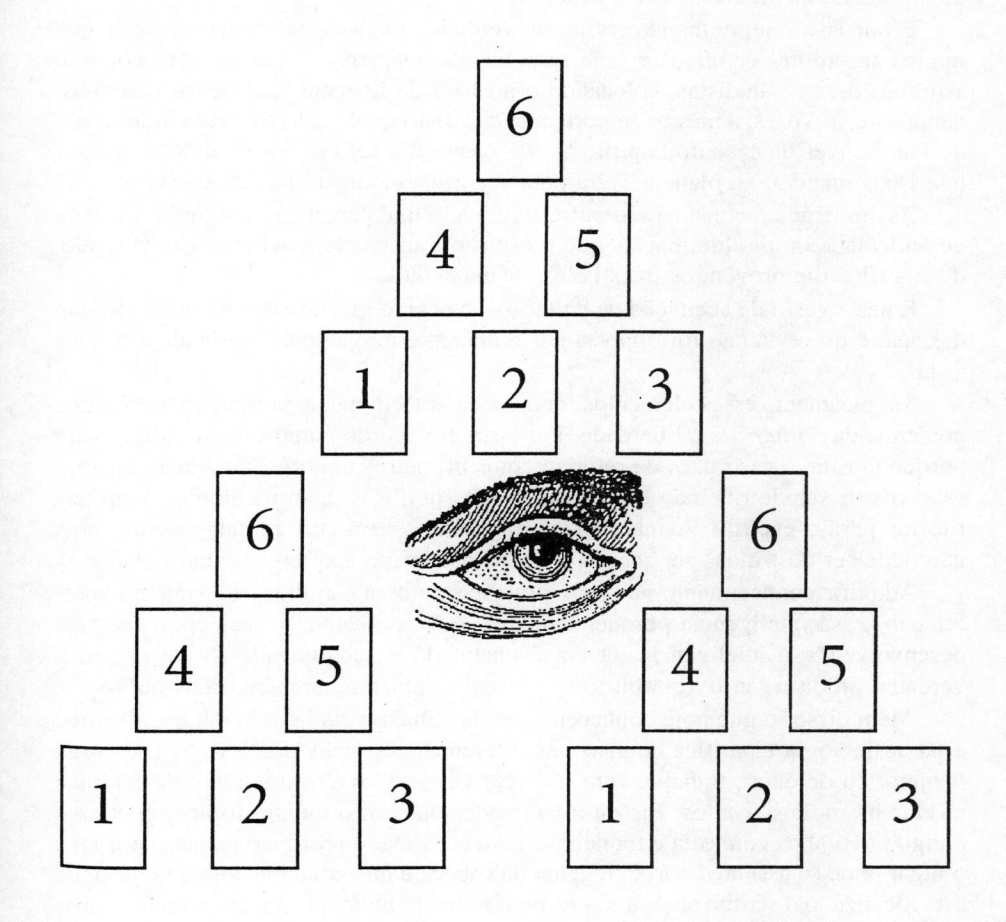

Jogada das Pirâmides de Gisé, de Zolrak

simbolizando Aquele que tudo vê, ou seja, Deus, embora alguns sejam da opinião de que este símbolo representa Ifá, com todo o seu poder para profetizar.

No mundo esotérico esse olho é muito conhecido por todos, e existem até talismãs com essa forma.

Também a vemos na nota de um dólar americano, junto com outros símbolos mágicos.

O verdadeiro Santeiro usa símbolos que são tidos como poderosos e eficazes. Por esse motivo, também costumamos ver a Cruz Ansata entre eles, ou a estrela de cinco pontas, com um só vértice para cima, ou também a estrela de seis pontas, que, muitas vezes, faz parte de pontos ritualísticos *riscados*, ou trabalhos de Magia Branca.

A religião Iorubá passa para o Mundo Ocidental — como já foi visto —, mas vemos pontos de grande coincidência com filosofias orientais, a reencarnação, a incorporação mediúnica, a meditação, etc.

É por isso que, numa expressão de verdadeira sabedoria, podemos notar que muitos sacerdotes católicos e fiéis respeitam a imagem de Buda, e nem por isso são considerados budistas, colocando-o ao lado de imagens dos santos católicos, dando-lhe, às vezes, a mesma importância de Cristo que, tendo recebido iluminação do Pai, através da ação do Espírito Santo, conseguiu ser um dos Grandes enviados que Deus mandou ao planeta Terra para socorrer o Homem na sua evolução.

Assim, Buda é considerado outro iluminado que percebeu, atingindo o estado de budeidade ou de iluminação, que o espírito transcende a matéria. Desse modo, de sua filosofia provêm os mais belos ensinamentos.

E neste gesto de aceitação de culturas remotas, o que eu acho mais importante destacar é que esta não foi imposta por ninguém e ninguém foi obrigado a respeitá-la.

Simplesmente esses elementos foram aceitos tacitamente porque um dos vários preceitos da *Santería* é a liberdade. Por isso, um acordo como esse foi assimilado porque já estava nas raízes da religião cujos primeiros cultores, na América, eram escravos. É sabido que não existem fronteiras políticas, nem ideologias, nem territórios para o espírito. A inteligência não admite nem concede algo assim, pois não pode ser destruída, por ser um atributo outorgado ao Homem pelo Criador.

Adquirir conhecimento não só é aumentar a nossa Cultura, mas também aperfeiçoar nossa inteligência porque, à medida que praticamos o raciocínio estamos desenvolvendo a inteligência. Quem é obstinado e acredita que só ele possui a verdade, limita o seu livre-arbítrio e, conseqüentemente, também o dos outros.

Além disso, o que hoje conhecemos como Chakras no mundo ocidental, e que a parapsicologia científica conhece, as diferentes correntes do New Age, de uma maneira ou de outra, trabalha com eles. No Oriente, os Chakras são conhecidos e usados há muitos séculos. Eis outra coincidência com o mundo Iorubá, pois esse antigo povo já os conhecia e trabalhava com eles. Daí o profundo respeito por *Ori*, o lugar onde se assenta o Orixá regente da cabeça e que coincide com o lugar onde está localizado o sétimo chakra. Os Iorubás também tinham conhecimento de outros pontos energéticos que se inter-relacionam. Alguns deles são pintados e coloridos antes de certas cerimônias, adotando cores diferentes de acordo com a circunstância ou com o ritual a ser seguido, isto é, como proteção ou respeito ao Orixá regente.

Vemos um exemplo claro disso numa proteção que geralmente se chama de "fechamento do corpo", através do qual, por diferentes marcas no corpo da pessoa, fecham-se os canais que absorvem energias que são mais plausíveis de atrair ou consumir ondas energéticas negativas. Assim, a pessoa fica protegida de qualquer tipo de ataque espiritual, não conseguindo "penetrar" nela nenhum trabalho de magia negra. Os centros ou pontos assim tratados ou fechados são parte de todo um sistema energético e deixam penetrar as boas influências do Cosmos.

Por todos esses conceitos é que também criei a jogada de cartas que denominei:

Jogada do Sétimo Chakra

O sétimo chakra situa-se no alto da nossa cabeça, no que chamamos de cocuruto, e constitui a via de ligação do Homem com o Cosmos, com o Universo, com o sagrado.

Seria a ponte de ligação entre a matéria e o espiritual.

Tem um alto grau de freqüência vibratória, e é por isso que poderíamos dizer que contém toda a escala do arco-íris, para onde afluem todas as cores, com o predomínio do violeta e, em sua vibração final, o prateado.

As pessoas que possuem grande vida espiritual, o desenvolvem de um modo incrível. Nesse caso esse chakra não é visto com uma forma côncava ou de funil, como os outros, mas como uma energia com sua própria força de emanação e tem uma forma convexa.

Esse fenômeno explica a forma aureolar em torno da cabeça dos Santos católicos, como também as coroas de nossos Orixás. Também na representação do Buda pode-se notar uma proeminência bem acentuada, que significaria a exaltação dessa energia.

Muitas escolas orientais afirmam que no perímetro desse chakra são encontrados 960 raios, e que no seu centro existem 12 raios que se erguem em busca do infinito.

Reduzindo o número de 960 para um número de dois algarismos, o resultado é 15. Portanto, faremos um círculo da esquerda para a direita com 15 cartas. Fazendo o mesmo com o número 12, o resultado é o número 3. Conseqüentemente, trabalhando dentro do círculo, começando da esquerda para a direita, colocaremos três cartas.

Procedimento

Costumo usar essa disposição quando o consulente não sabe bem, na verdade, o que quer saber, mas reconhece a urgência interior de receber uma "Mensagem", de ouvir alguma comunicação ou conselho que possa lhe servir de guia ou de estímulo para a sua vida. Não considero essa situação como uma simples curiosidade; muito pelo contrário, como a necessidade de dar um objetivo a algo eminentemente espiritual, embora não esteja muito bem-definido.

O cartomante precisa se concentrar nas cartas depois de misturá-las quantas vezes forem necessárias, ou tantas quanto for o número de letras que tenham os nomes e sobrenomes do consulente. O corte do baralho não deve ser incluído nesse número.

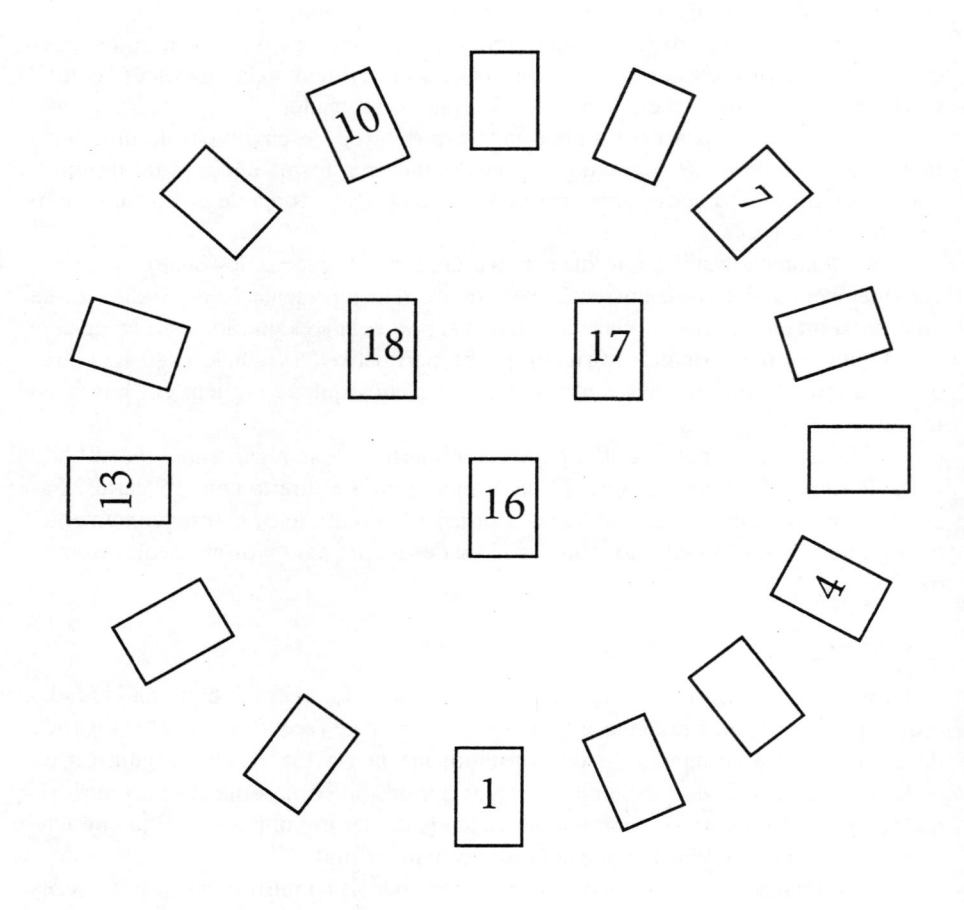

Jogada do Sétimo Chakra, de Zolrak

As cartas, então, devem ser arrumadas da esquerda para a direita uma após a outra. Pede-se ao consulente que separe 15 cartas das 77, e a seguir mais 3, separando-as em duas pilhas para depois distribuí-las do modo como explicamos acima. É muito importante que se explique ao consulente que, no momento de escolher as cartas, ele precisa despojar-se de todo pensamento material, deixando a mente o mais livre possível para elevar seus pensamentos a um nível espiritual. O consulente pode, por exemplo, concentrar-se numa figura religiosa de sua crença ou de outra ideologia espiritual, contanto que se trate de algo infinitamente acima da condição humana. Assim, seja o que for que deva ser comunicado, é entregue à vontade do Cosmos ou Logos.

O cartomante tentará visualizar uma luz violeta ou prateada, dirigida para ambas as cabeças (aconselho previamente a pedir "Agô" — licença — aos dois Anjos da Guarda), para reativar todo um processo energético que seja afim com o chakra a tratar.

Após ter colocado as cartas da maneira já indicada e considerando que não as misturaremos de novo, e sim as poremos na posição número 1, será a primeira que nosso consultante escolheu e tirou e se trabalhará sucessivamente desta forma.

A leitura será feita da seguinte maneira:

1. Tentaremos decifrar a mensagem Astral, levando em conta as cartas que estiverem nas posições número 1, 4, 7, 10, 13 e 16, ou seja, 6 no total.

2. Das 2 cartas centrais que ficam nas posições número 17 e 18, pedimos que o consultante escolha uma das duas.

3. A sétima carta será fundamental para encarar a mensagem e entendê-la, pois a mesma representa o sétimo chakra. Ela nos guiará na leitura e esclarecerá o motivo, a espécie e o item a ser tratado.

É aconselhável não repetir este tipo de jogada no mesmo dia, embora o consultante ansioso conte com isso. Deverá aguardar pelos menos 24 horas, para facilitar o intercâmbio energético necessário, produzido entre nossos chakras e nosso organismo.

Métodos conhecidos e utilizados pelos cartomantes

Método Celta

Posições:

1. A que está coberta.
2. A que forma uma cruz.
3. A que está a seus pés.
4. A que está à sua esquerda.
5. A que está na sua frente ou acima da sua cabeça.

6. A que está à sua direita.
7. Medos e inseguranças.
8. Seu meio social e contexto.
9. Sonhos, desejos e expectativas.
10. Resultado.

Significado das posições:

1. Refere-se ao oculto, àquelas coisas que o consultante não conhece e que pode influenciar sobre o exposto ou questionado por ele.
2. A que cruza ou se interpõe representa as energias, vontades ou ações negativas que estão influenciando.
3. Representa os fundamentos do que está se tratando. Também o Presente.
4. O Passado, o acontecido, ou o que se deixa no esquecimento.
5. Pode representar o que está em sua mente, o que pesa em sua psique; ou um futuro remoto, algo de longo alcance.
6. Futuro imediato.
7. Medos relacionados com o tema em questão. Também suas dúvidas e ambivalências.
8. Como influi no consultante, seus colegas de trabalho, amigos, parentes. A opinião pública.
9. Representa tudo o que se quer obter, conseguir. O que é esperado, o que se deseja. Suas expectativas.
10. Esta posição deve ser combinada com todas as outras cartas, mas sobretudo com a carta situada com o número 6, e em segundo lugar com a número 5. Dá a resposta total e resume um veredicto.

Método das 12 Casas Astrológicas

Os povos mais antigos sabiam que o Zodíaco era dividido em 12 seções iguais, e que a cada seção ou parte correspondem 30°. Cada uma dessas seções é chamada de Casa Zodiacal com um planeta regente e, logicamente, seu signo astrológico correspondente. Para o estudo do mapa astrológico de uma determinada pessoa, leva-se em conta a hora exata do nascimento, o lugar, o país, a diferença de fusos horários e a data exata. E, sem dúvida, para a interpretação, todo tipo de outros dados com que a pessoa possa contribuir, se quiser. O mapa natal consiste em um círculo dividido, como foi dito, em 12 zonas, onde a Casa número 1, ou primeira Casa Astrológica, é fixada calculando previamente o Ascendente da pessoa.

Mas, para usar este método, consideramos o Zodíaco como se estivesse imóvel, quer dizer, a primeira Casa será sempre a de Áries, a segunda de Touro, e assim sucessivamente até a décima segunda Casa, pertencente a Peixes.

Método Celta

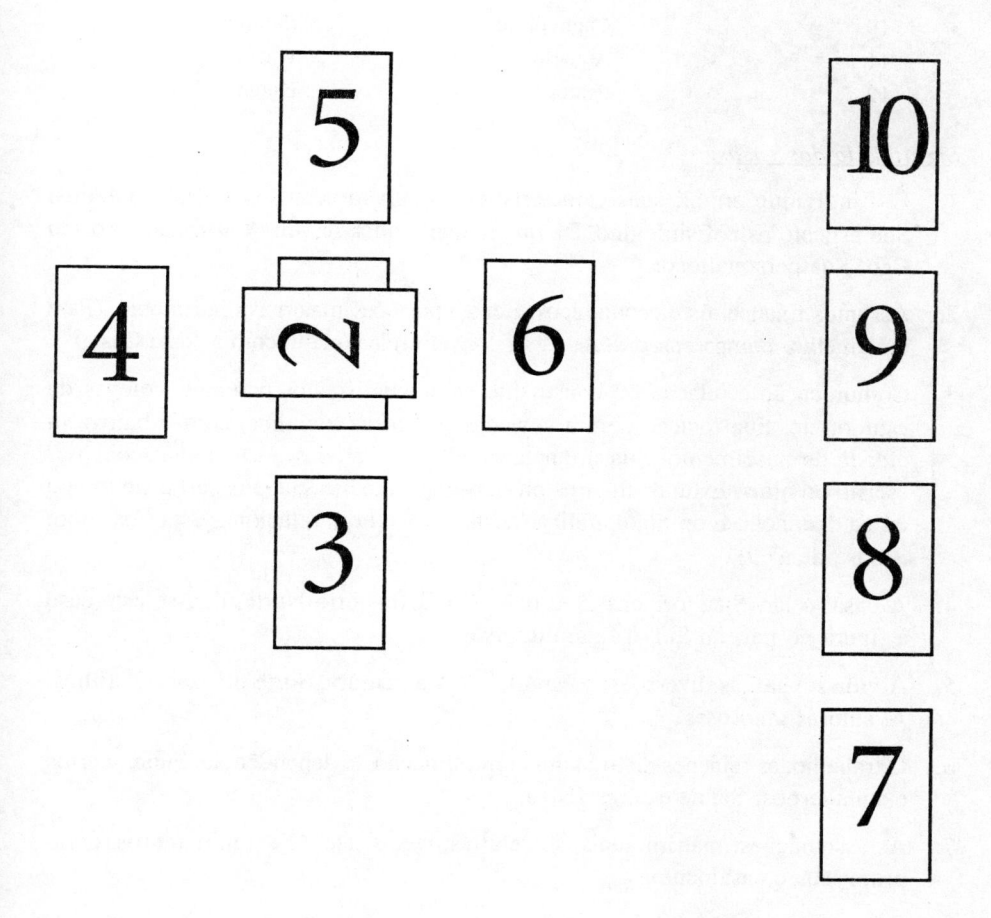

Casa	Signo Astrológico	Planeta Regente
1	Áries	Marte
2	Touro	Vênus
3	Gêmeos	Mercúrio
4	Câncer	Lua
5	Leão	Sol
6	Virgem	Mercúrio
7	Libra	Vênus
8	Escorpião	Marte e Plutão
9	Sagitário	Júpiter
10	Capricórnio	Saturno
11	Aquário	Urano
12	Peixes	Netuno

Significado das casas:

1. É o indivíduo em si; suas características, temperamento, virtudes e defeitos. Seu aspecto psicofisiológico. De que maneira quer se ver. A afirmação do seu Ego. Sua personalidade.

2. Assuntos financeiros e econômicos. Bens e posições materiais. Patrimônio. (Para uma melhor compreensão desta Casa, convém relacioná-la com a sexta Casa.)

3. Comunicação e relação do consulente com seus irmãos, parentes, colegas de estudo, etc. Sua relação com a sociedade, com os vizinhos, com o bairro ou cidade de nascimento. Sua infância e velhice. Notícias ou comunicações por escrito ou orais. Estudos ligeiros ou sem importância. Viagens curtas no tempo ou na distância. E opinião pública (neste caso, é bom relacionar esta Casa com a Casa de nº 9).

4. A casa, o lar. Suas origens. Seu país. No Hemisfério Norte, liga-se esta casa à figura do pai; no Sul, à figura da mãe.

5. A vida sexual, as diversões, o esporte. A boa ventura. Sorte ou azar. Os filhos. Aventuras amorosas.

6. O trabalho, as relações de trabalho numa situação de dependência. Funcionários e subalternos. Saúde e força física.

7. As associações: matrimoniais, societárias, legais, etc. O casal, namoros, compromissos e casamentos.

8. O inconsciente. Repressões, medos, temores que às vezes não chegam ao consciente, e que não sabemos se existem. A morte. Herança. O lado escuro da mente. Ocultismo.

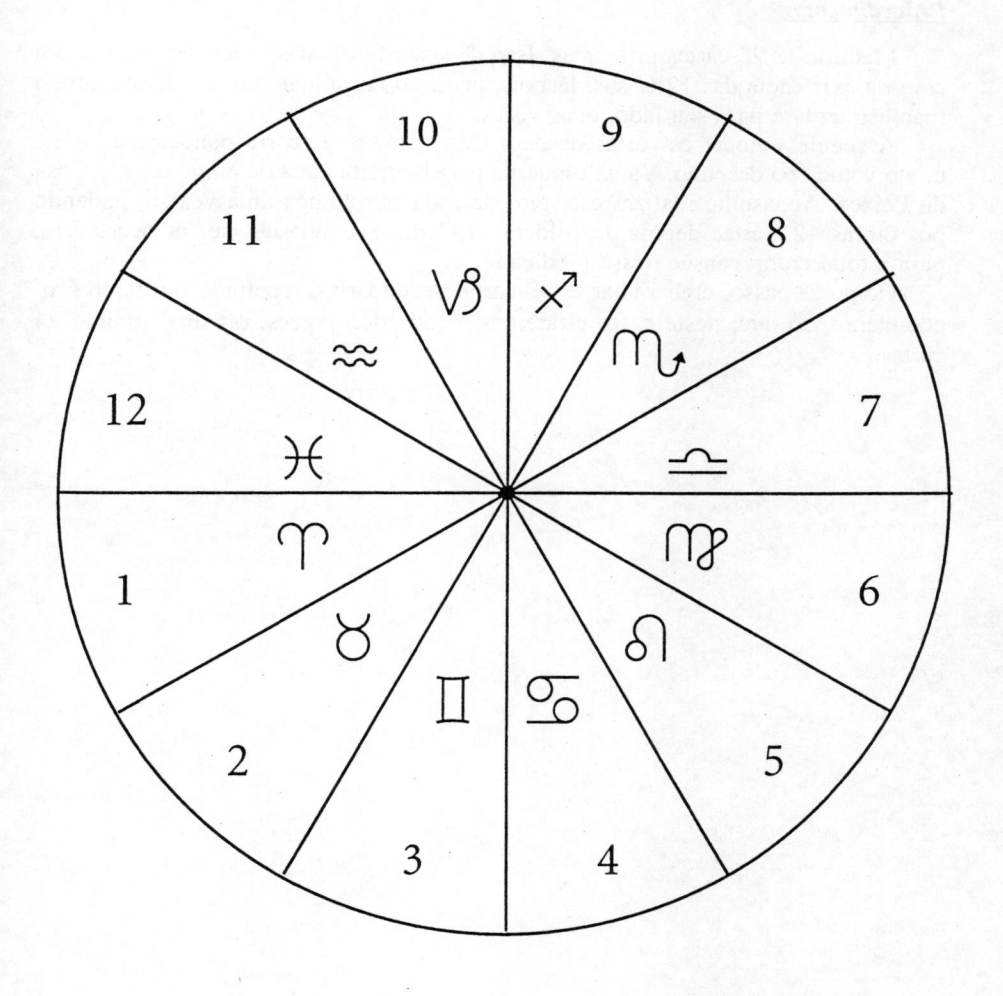

Método das 12 Casas Astrológicas

9. A mente superior, a metafísica, a filosofia, a religião, o esoterismo. Estudos universitários, cursos de pós-graduação. O exterior; viagens longas na distância ou no tempo. Política. Estratégia. Planejamento.

10. Posição Social. *Status*. Carreira, profissão. Fama e poder. Representa a figura da mãe, no Hemisfério Norte, e a do pai, no Hemisfério Sul.

11. Amigos e relações afetivas. Aspirações e projetos tendo em vista esses valores espirituais. Vida social, reuniões, festas, etc.

12. Inimigos ocultos. Privação da liberdade, por vontade própria ou determinação alheia (internação hospitalar, prisão, rapto, seqüestro). Reclusão por motivos psíquicos ou religiosos. Acidentes. Adversários.

Procedimento:

Misturar as 25 cartas principais. Isso deve ser feito duas vezes, levando-se em conta a existência das 12 Casas. Depois, pedir ao consulente que as divida com a mão esquerda e para seu lado, duas vezes.

A seguir, colocar as cartas desde a Casa número 1, correspondente a Áries, como vemos no desenho. Vá da esquerda para a direita até a de número 12, a Casa de Peixes. Aconselho realizar este giro da roda astrológica uma vez só, podendo pôr outras 12 Cartas depois de colocar as Cartas secundárias, se for necessário, para a total compreensão dessa predição.

Como 2º passo, embaralhar as 52 cartas secundárias, repetindo o mesmo procedimento, só que, neste caso, giraremos a roda duas vezes, ou seja, usando 24 cartas.

A Causalidade Fundamental do Conhecimento

Mesmo agora eu lembro com nostalgia dos meus primeiros passos no mundo espiritual. É como percorrer de novo o mesmo caminho... Mas eu não ridicularizarei o assunto. Simplesmente me lembro daquela tarde de março de 1973, quando encontrei meu primeiro professor de canto. Não mencionarei o nome dele porque sua alma agora está morando num plano mais elevado do que este. Além disso, com a passagem do tempo, perdi contato com a sua família; portanto, não estou muito certo de que seus descendentes apreciarão o fato de eu mencionar o seu nome.

Respeitosamente, o chamarei de meu Mestre com admiração e profunda afeição. Ele era o retrato vivo de um homem sábio, e, como tal, falava pouco mas dizia muito. Ele se parecia com um pequeno gnomo, de baixa estatura, com uma barba grossa, curta e branca. Seus olhos eram azul-claros. Era um tanto quanto corpulento, tinha a testa ampla cortada por rugas profundas e longas. Caminhava muito depressa, como se pretendesse demonstrar que o tempo para ele era curto, e que tudo tinha de ser feito no momento exato. Todos estes traços lhe davam a aparência de um gênio habitando a Terra.

Nunca ousei comentar suas características físicas, talvez porque me inspirasse um respeito profundo que guardo até hoje. Ou talvez fosse porque sob seu sorriso matreiro se escondessem coisas que somente eu conhecia; talvez fosse desejo dele que só nós dois soubéssemos. Embora tenha certeza de nunca ter-lhe dito o que sua aparência de fato significava para mim, estou inclinado a pensar que ele sabia de tudo, e que dentro das nossas regras toda a situação íntima estava perfeitamente clara.

Obtive seu endereço de um amigo comum, que previamente me havia dito, "Leve em conta que ele raramente dá aulas particulares para alguém, porque o pobre homem está muito cansado... portanto é aconselhável você tirar proveito desta oportunidade".

E tudo isso era verdade. Sua fadiga era evidente, a idade lhe pesava e alguma doença crônica afetava o seu corpo, a despeito de ele não deixar transparecer. Havia sido cantor de ópera e, na realidade, continuava em boa forma porque sua voz tinha a mesma qualidade do que nos velhos tempos. Entretanto, agora ele estava quase retirado da atividade profissional. Ele costumava dizer: "Deus me deu a fortuna de ser capaz de cantar mais de 30 anos nos principais teatros líricos."

No meu primeiro encontro com ele, decidi dizer-lhe, não sem um pouco de medo, toda a verdade, mas com uma segurança interior e uma intuição de que tudo acabaria bem.

Uma semana antes, numa reunião espiritualista kardecista, onde entrei em contato com meu primeiro conhecimento esotérico e espiritual, me disseram que muito em breve ou encontraria a pessoa que iria me ensinar não só os segredos do *bel canto*, mas também muitas coisas sobre a sabedoria da vida. Na ocasião, não prestei muita atenção a essa mensagem e, portanto, não pude entender toda a sua importância: "as coisas sobre a sabedoria da vida..."

Na verdade, meus contatos com o mundo da música estavam limitados à minha mãe, que era uma professora de Música e que, na ocasião, passava as horas da tarde sentada ao piano. Minha mãe e eu tínhamos prazer em cantar algumas canções que selecionávamos e também em convidar alguns amigos a participar. Portanto, é natural, houve vários concertos de música clássica, que no início eram tediosos para mim e um tanto aborrecidos, talvez por causa da minha tenra idade.

Minha namorada conseguiu o endereço dele alguns dias depois de eu receber a minha "mensagem". Ela estava numa festa sem nenhum interesse em particular, e em meio a uma conversa bastante trivial, e sem qualquer tipo de conhecimento anterior, ela se viu diante de um homem alto e sofisticado, de traços marcantes, olhos penetrantes, sobrancelhas e cílios grossos e cabelo preto (segundo a definição dela). Depois de trocarem algumas impressões sobre arte, ele a olhou fixamente e, adivinhando que seria do interesse dela, deu-lhe um pedaço de papel que incluía o nome de uma rua, o número da casa e do telefone. Bastante perturbada, ela pegou o papel sem dizer palavra e agradeceu com um gesto. O homem então se desculpou e saiu. Nessa mesma noite (conhecendo minha experiência no assunto), embora soubesse que era muito tarde, ela me chamou para contar tudo o que acontecera. Embora fosse um pouco cética, ponto de vista que mudou com o tempo, ela acreditara, sem entender, que aquele homem havia sido apenas uma "ponte", um "mediador", ou um instrumento do destino. Com o passar dos anos, ela, meu Mestre e eu desenvolvemos uma profunda amizade.

Esse grande homem não só me ensinou a cantar, mas também foi capaz de despertar em mim a necessidade da busca pelo conhecimento espiritual. Esses ensinamentos eram dados aos seus alunos como opções; ele dizia, "Peguem ou larguem, como quiserem".

Em outras ocasiões, os ensinamentos vinham por si mesmos, como resultado de sua grande filosofia e conhecimentos, e de um preâmbulo que os apresentava por meio de sentenças curtas. Ele tinha uma mente aberta, como os grandes sábios geralmente a têm, porque tinha muito respeito pelas outras pessoas e por todas aquelas coisas úteis da vida que são fundamentais para manter viva a fé.

Agora vêm à minha memória frases como: "Cante com a força do seu fogo interior...", "Vamos, continue; ponha aquelas Salamandras malcriadas de pé; faça-as trabalhar!" E nesses momentos, quando ia tomar minhas aulas com certa relutância e apatia, me dizia: "Quero ver como seu diafragma trabalha. Dê-lhe uma cor, faça-o amarelo, amarelo intenso, como os raios do sol. Faça o sol e os seus raios entrarem profundamente no seu ser." Eu sabia que em suas palavras havia metáforas, um certo simbolismo poético, mas só o tempo me ensinaria que naquelas palavras havia mais realidade do que eu era capaz de admitir naquela época da minha vida.

E quando me fazia vocalizar ou cantar uma nota continuamente, não o fazia unicamente por motivos musicais, mas também, como entendo agora, com um objetivo místico-mágico.

Continuo praticando essas experiências que aprendi para incorporá-las à minha vida. Elas, de fato, eram muito úteis e ainda são até hoje. Desenhei uma tabela onde cada centro de energia está relacionado com a sua cor correspondente, a nota musical que pertence a cada escala e o elemento regente, com sua força elemental dominante.

nº	Chakra	Cor Dominante e Raios de Luz	Nota Musical	Elemento	Elemental e Forças Dominantes
1	Básico ou Radical **Muladhara**	Vermelho Vivo com filamentos escurecidos	Dó	Terra	Gnomos e Elfos
2	Baço **Svadistana**	Laranja, Azulado-esverdeado	Ré	Água	Ondinas e Sereias
3	Umbigo **Manipura**	Amarelo, Laranja-avermelhado	Mi	Fogo	Salamandras
4	Coração **Anahata**	Verde, com algumas luzes cor-de-rosa	Fá	Ar	Fadas e Silfos
5	Laringe **Vishudha**	Azul, Azul-claro	Sol	Atmosfera	Entidades
6	Frontal **Ajna**	Índigo, amarelado	Lá	Espaço exterior	Guias espirituais
7	Coroa **Sahasrara**	Branco e Violeta, com luzes prateadas e douradas	Si	Sistema Solar	Orixás
	Cordão Fluido ou Cordão de Prata	Lampejos prateados e partículas que brilham como a prata	Dó	Universo como um todo, oposto ao nada	Deus

Esta tabela foi feita para você consultar em seus próximos exercícios ou trabalhos. Foi elaborada com o conhecimento de que todo o Universo é composto de vibração, cor, som, números e até mesmo o seu nome. Este é um dos segredos da vida e lhe dá os meios de desenvolvê-lo.

O cordão de prata, também chamado de cordão fluídico, é o elo entre a nossa matéria e o espírito. Para certas correntes espirituais, há uma conexão de espírito-mente-cérebro, que são mantidos juntos por meio do cordão fluido. Quando o corpo descansa, nossa parte integrante e regente, o espírito, sobe ao espaço para compreender o seu karma. Estas são missões ou trabalhos especiais destinados conforme o karma de cada pessoa e sua evolução espiritual. Muitas vezes o espírito fica perto do corpo para tomar conta dele; em outras ocasiões ele vai a outros lugares, mas está sempre ligado ao mesmo plano.

Em cada caso ele fica preso ao corpo pelo cordão prateado. Mas, por outro lado, numa situação extrema, em certos pontos indeterminados e intermináveis, todos estes cordões e laços de elevadas vibrações fluídicas estão ligados ao Criador.

No momento do desencarne, o cordão de prata é cortado, deixando o espírito livre para subir ao plano merecido segundo o comportamento da pessoa durante sua vida na Terra.

Quando um médium empresta o seu corpo material para um espírito se materializar, uma entidade incorporada, ou um Santo ou Orixá desce a esse corpo. A alma do médium coloca-se ao lado do seu corpo, ligado a ele por meio do cordão acima mencionado. Assim como durante a gravidez o bebê é alimentado através do cordão umbilical, o espírito executa a mesma função, tendo como recurso o cordão de prata, a fim de se alimentar das partículas espirituais que são necessárias para o equilíbrio do sistema energético.

Como esta tabela pode ser usada para trabalhar com os Elementos

Quando a ansiedade o impede de fazer uma pergunta ou de elaborar mentalmente uma frase com a finalidade de fazer uma consulta, escreva-a tal como apareceu na sua mente, sem se importar se sua forma gramatical é apropriada ou não, ou se foi cometido algum erro de ortografia.

O importante aqui é a idéia que sua mente está tentando planejar e o fato de ela se expressar completamente livre de qualquer tipo de laços. Escreva o pensamento num papel que tenha a mesma cor do elemento ao qual pertence, ou com um lápis que tenha a mesma cor, como se viu na tabela acima.

Ponha a pergunta diante de você com o texto para cima e a carta do elemento apropriado em cima do texto. Em seguida, ponha ambas as mãos sobre o papel e a carta, primeiro a mão direita e, sobre esta, a esquerda, para que a corrente direcional seja a do coração. Este é um modo simbólico da fazer o ser espiritual prevalecer. Seguindo-se a isto, a oração do elemento tem de ser recitada (veja abaixo).

Sente-se com tanto conforto quanto possível. Relaxe as diferentes partes do seu corpo da cabeça aos pés, porque os pés estão em contato direto com a terra através da qual é feito o contato magnético. Portanto, recomenda-se que esteja descalço. Faça quatro respirações profundas, uma para cada um dos elementos, feche os olhos, e diga esta oração para ajudá-lo a se concentrar:

    Da Terra, como pó, eu vim.
    A Água continua um líquido no gênese.
    O Fogo como impulso divino, deu força a minha alma,

> Pois quando nasci pude simbolizar num grito
> A inspiração do Ar, dando-me a vida e, com ela,
> O alento para crescer. Assim, os quatro estarão
> Para sempre presentes, enquanto a Terra quiser me proteger
> Outra vez... É por isso que sou Terra,
> Água, Fogo e Ar,
> E assim posso invocá-los neste momento presente,
> E no futuro que virá...
>
> — Zolrak

Visualize a carta do elemento e imagine que sua figura geométrica está ficando maior até que tome conta inteiramente do lugar em que se encontra. Tente lembrar-se de sua forma, reproduzindo mentalmente a sua imagem, e tente ver as suas cores. Esta imagem mental ligará você à linguagem simbólica, estabelecendo uma comunicação e também protegendo a sua personalidade.

Se não puder captar a imagem em sua totalidade, não se preocupe. Faça isso fácil, lidando com as partes do todo até que elas se integrem totalmente à sua abstração geral. Se achar que uma das imagens parciais tende a prevalecer, isso não importa; isso atrairá todas as outras. Se está determinado, o processo acontecerá. Certamente, será plena a imagem, graças aos seus esforços e a repetição do teste. Mesmo que no início seja difícil de fazer, o seu cérebro recebeu a ordem, e o intermecanismo de intercomunicação é construído automaticamente, sem a sua interferência consciente.

A tabela abaixo é feita de tal modo que você possa escolher o elemento apropriado para a natureza da sua pergunta.

Das 52 cartas secundárias, separe as dos quatro elementos, e use unicamente a adequada, como já foi descrito, colocando-a no alto do papel com a pergunta escrita.

As restantes três cartas dos elementos estão fora da jogada agora, e o baralho que resta deve ter 48 cartas, que representam os 12 meses do ano (4 + 8 = 12). Portanto, uma vez que 1 + 2 = 3, este último número representa os três meses que dura cada estação e, portanto, os três signos astrológicos de cada elemento.

Em seguida, embaralhe as 48 cartas, tentando sempre visualizar o elemento, e, é claro, formulando a pergunta com tanta clareza quanto possível. Em seguida, você terá de cortar duas vezes o baralho, de forma que restem três pilhas de cartas. Ao cortar, faça-o da direita para a esquerda, e use a mão esquerda; isso está descrito nas posições 1, 2, e 3.

Nº	Elemento	Relativo a	Estação do Ano
1	Terra	Âmbito econômico e material	Inverno
2	Água	Âmbito sentimental, emocional e espiritual	Primavera
3	Fogo	Âmbito do trabalho e o âmbito físico	Verão
4	Ar	Dificuldades e estados mentais	Outono

A posição nº 1 representa a estação do ano do elemento selecionado; portanto, se foi escolhido Água, a estação será primavera, e assim por diante. Mas suponhamos que a verdadeira estação do ano, ou seja, a verdadeira estação do ano que existe no momento em que se faz a pergunta, é outra; por exemplo, o outono. Então esta última estação em relação à primeira é o seu futuro (veja o número e coloque os elementos na mesa).

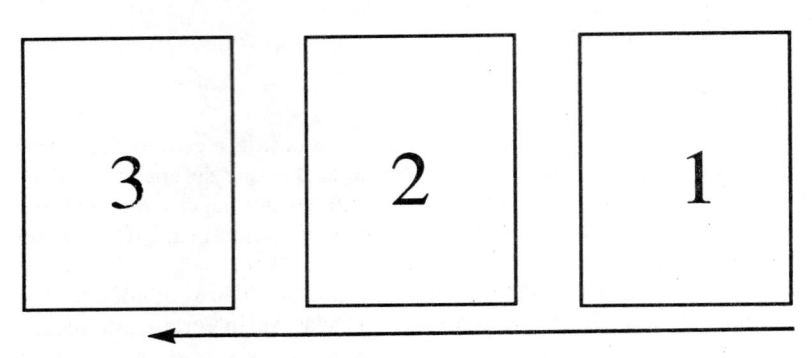

```
┌─────┐   ┌─────┐   ┌─────┐
│  3  │   │  2  │   │  1  │
└─────┘   └─────┘   └─────┘
         ←
```

Portanto, a pequena pilha de cartas na posição nº 1 representa o futuro, e, porque o inverno precede a primavera (a estação fixada como foi determinada pelo elemento selecionado), a posição nº 2 representa o passado. Assim sendo, a posição nº 3 representa o presente.

Como outro exemplo, digamos que a estação fixada é a primavera (o que equivale dizer que o elemento escolhido é a Água); só que imaginemos que desta vez a estação real seja o inverno. Então esta última, com relação à primeira, seria o passado. Por esta razão, a posição nº 1 é o passado, a posição nº 2 é o presente e a posição nº 3 representa o futuro.

Logo depois, cada carta terá de ser virada para cima em cada pilha de cartas. Em seguida, comece a interpretação.

Orações para os Elementos

Elemento Terra

Sagrada Mãe-Terra,
que acolhes em teu seio
as riquezas mais excelsas.
Que sustentas com a tua Força
os colossos mais fortes.
Que tens vales e várzeas
montanhas e montes,
rochas e pedras,
todos perdidos em teu horizonte infinito.
Põe-me em harmonia, de Norte a Sul, de Sul a Norte.
E faz-me sentir a vida do Oriente e do Ocidente.

Dá-me idéia do âmbito pelo qual a vida se espraia
assim como a altura do teu pico mais elevado.
E, desde o centro do teu ventre,
a energia que perdura desde sempre.

— Zolrak

Elemento Água

Com tons de azul e azul-marinho,
com verdes e turquesas
colores a vida.
És o silêncio e o canto
que, como precioso manto,
correndo, saltando, pulando,
trazes o alimento precioso
para o sedento e o ansioso
que chega a ti apressado
para receber teu batismo.
E como resposta das nuvens
cais feito chuva gloriosa.
Como figura vigorosa
subiste na crista das ondas,
mostrando tua silhueta de bailarina
passas por entre as cenas,
por rios, cascatas e arroios.
Faze fluir como sangue pelas minhas veias
a paixão que sinto por ti,
fazendo de mim mais um de teus devotos seguidores.

— Zolrak

Elemento Fogo

Como raios de luz te ergues
como se procurasses pelo divino,
acendendo uma chama
como se seguisses os passos de qualquer peregrino que,
buscando em tua senda,
pergunta sobre o seu destino.
És o Fogo que alimenta
a Sabedoria dos Grandes.
És aquele que ilumina
pondo fim ao desatino
alumiando a Liberdade
e transformando em cinzas
a injustiça, a incompreensão e o desvario.

— Zolrak

Elemento Ar

Invisível como és,
tua presença é denunciada
pelo silvar de tuas forças.
Também és evidente quando os ramos
se entrechocam,
porque, quando passas, eles se estiram
e ficam tão tensos
que parecem arcos de violinos e cordas de harpas.
Eu não te vejo, mas possa senti-lo,
E posso ouvir quando passas.
E só quando respiro
faço de mim um eco da tua obra,
repetindo sem cessar
que sem ti o meu amor está perdido.

— Zolrak

A Magia

A magia representa o princípio ativo dos tempos e, do meu ponto de vista, não tem fim. Como um princípio, ela é um evento *a priori*, uma fonte, uma causa, sempiterna e, na verdade, nunca desaparecendo mesmo durante os períodos em que parece desaparecer. A magia é Deus; Ele é a Suprema Magia, porque procriar é parte dessa magia, como são os ciclos que se desenvolvem, o nosso despertar diário, e até mesmo o fato tão erroneamente chamado de morte.

Pensar em magia nos faz estremecer, porque tendo sido resgatados os pensamentos tortuosos ou sonolentos ela nos põe em contato com a realidade, com a verdade e a franqueza que estão relacionadas com os sentimentos. Isto é tão assustador que pode fazer vacilar até mesmo as estruturas mais empíricas, racionais e determinísticas. Esse mínimo contato com a realidade é um lampejo divino; mas muitas vezes medos culturais e interesses sociais obscurecem até mesmo o que é mais evidente.

Estamos inclinados a achar que a magia é complexa, seus rituais tortuosos e obscuros, a despeito de ser bastante estruturada, embora careça de simplicidade. Estamos livres para fazer esta suposição porque a magia, como a respiração (também mágica) é feita automaticamente, inconscientemente, sem pensar. Trata-se de uma necessidade latente, da mesma maneira que os alvéolos pulmonares ingerem o ar sem dar por isso. Isto também é magia, e ninguém a nota ou a controla, e surge como todos os atos mágicos que ocorrem na psique, nos "mundos paralelos". Além disso, usando outra freqüência, esses mundos são facilmente penetrados por um "xamã", por um "paranormal", por um "mago", etc.

Entretanto, levando-se em conta que é possível que este fenômeno ocorra espontaneamente e sem aviso prévio, a análise o deixa de lado e o ignora, ao menos durante certo tempo.

A magia está com a humanidade desde o início dos tempos, e viverá dentro do nosso coração e dos nossos pensamentos até que a forma humana desapareça. Mesmo então, suponho que a magia continuará a existir em outros níveis de consciência como um meio ou veículo para a elevação de alguma outra forma de vida. Assim como o instinto de sobrevivência, a magia serviu para interpretar em termos mais simples, na vida diária da humanidade, quando os elementos estão sobrecarregados de ouropéis e atavios.

Tentar definir a magia é o mesmo que tentar resumi-la, aprisioná-la, visto que, ao que parece, ela não pode ser sintetizada. Isso acontece porque seu comando veio do início dos tempos e, conseqüentemente, tentar qualificar uma dimensão temporal em termos de efeito, duração, continuidade e expiração é quase impossível. Medidas deste tipo são muito materialistas. Elas existem neste único plano. Enquanto isso, a magia segue seu caminho por vários planos ao mesmo tempo e sua influência abrange todos eles. Mas nós, que temos de definir tudo, até mesmo o amor, tentamos conceitualizar, resumir e dar uma definição para a magia com palavras rápidas e, às vezes, muito pobres.

Durante muitos anos, ouvi muitas e as mais variadas definições de magia, chegando a apresentar algumas em conferências e palestras. Em simples conversas tive de definir, apesar de contra a minha vontade, o conceito de magia, mesmo sabendo que isso é impossível porque a magia abrange tudo o que existe. Entre as expressões que definem a magia encontrei estas: "É a arte de criar fenômenos paranormais;" "É a técnica de dispor das forças cósmicas a nosso favor;" "É a arte ou ciência de lidar com as forças naturais;" "Magia é a arte, técnica e ciência capaz de produzir efeitos extraordinários através de meios ou causas de origem natural, produzindo fatos e fenômenos que parecem ser de natureza sobrenatural."

Contudo, em poucas palavras, eu diria que "Magia é a mais sublime arte que liga a humanidade a Deus". Isto parece simples demais, pois parece menos do que se poderia dizer; no entanto, é mais do que nossas mentes práticas ou racionais podem alcançar.

Não resta dúvida: a magia é uma arte. A maioria dos artistas são médiuns em potencial ou desenvolvidos, bem como verdadeiros magos, e eles obviamente têm de ser talentosos e também muito sensíveis. E a ciência, sem nenhuma dúvida, também é magia; a prova disso pode ser vista nas últimas descobertas que parecem verdadeira magia. E, finalmente, as técnicas da ciência com seus repetidos componentes, também existe na magia e são da mesma espécie. A justificativa desta afirmação está nas respectivas metodologias: tanto a ciência como a magia são caracterizadas pela repetição, erro, tentativa, conseqüência, prova, trabalho de vontade, dedicação, resultados, e assim por diante.

Deve ficar claro que a magia abrange todos esses assuntos, mas não pode ser abarcada por eles. A magia contém tudo isso, e podemos dizer que se trata de um desígnio superior e protegido. Mas qual é a diferença entre magia branca e magia negra? Aqui encontramos outra vez a obstinada crença de que negro é ruim e branco é bom. Quando estamos conscientes de que um ritual é feito com velas brancas, provavelmente terá uma intenção pura de acordo com a sua cor — mas efeitos caóticos também podem ser gerados. É óbvio que o bem ou o mal dependem unicamente de quem faz a magia. Prefiro chamar a primeira de "mágica" e a segunda, para fazer uma separação entre elas e descobrir algum termo compatível para a definição, "feitiçaria" (ou bruxaria).

Então surge a questão: todos os assim chamados feiticeiros são pessoas más, e todos fazem coisas más? Não, mas por causa do hábito e do uso comum desse significado, estão incluídos sob esta terminologia.

E, para tornar sujo algo que em sua essência é puro, que melhor método do que introduzir a dúvida, misturando os conceitos, e também apresentar idéias cobertas com um manto de inocência, ou, inversamente, fingir ignorância?

Suas mãos podem amassar o barro e serem limpas com água, mas as mesmas mãos podem brandir uma arma contra gente inocente e também ficar fisicamente limpas depois desse fato. Mas a água não apaga os traços da segunda ação, cujo efeito maligno continua impresso como pontos sujos em sua aura. Sua consciência não pode livrar-se deles, nem eles podem ser escondidos dos olhos de Deus. No entanto, nestes dois exemplos, as mãos humanas foram usadas como os instrumentos primários em ambos os casos. Eis aí a chave sobre a conduta do operador, do executor, do fazedor, seja o que for que ele queira produzir ou o assunto perseguido.

Na magia, um elemento depende do uso para o qual é invocado, da pessoa que o utiliza e sua conseqüência final, boa ou má. A vontade da pessoa que usa a magia determina o plano ou o meio no qual atuam os elementos. Por exemplo, sabe-se que as dores musculares podem desaparecer usando-se uma pequena barra de enxofre que é esfregada na zona afetada, e então o "golpe de ar" é desfeito. (Muitos praticantes recomendam fazer isto na forma de uma cruz, como um exorcismo, para que a forma mágica da cura seja ativada, reforçada com orações e mantras.) Mas essa mesma barra de enxofre em forma de pó, derramada diante da porta de um inimigo, pode causar muitos desastres e tristezas.

Outro termo muito mais ligado à negatividade deste tipo de ação é "bruxaria", comumente considerada de origem maldosa. Nem todas as bruxas e feiticeiros fazem o mal, mas é necessário, da mesma forma, distinguir entre os dois modos de agir.

Peço desculpas a todos os que executam uma boa missão sob nome de feiticeiros ajudando seus semelhantes. E rejeito os que, salvaguardados sob o nome de magos, se inclinam a sujar os conceitos que usam. Como esta exceção foi deixada clara, me parece necessário esclarecer que o termo "magus" é usado para aqueles que executam esse papel com a intenção de alcançar a forma sagrada de Deus.

Jesus de Nazaré foi, para mim, o maior mago já conhecido, e também o mais extraordinário médium, bem como o paranormal mais inspirado. Se não, como se deve entender seus grandes e maravilhosos milagres, ou mesmo a Sua personalidade, a Sua alma, a missão que Lhe foi dada na Terra, Sua mente e assim por diante?

Naturalmente, Ele era o Filho de Deus na Terra, e é por isso que eu penso assim. Três homens sábios vieram do Oriente para estar presentes ao Seu nascimento, porque Ele também era um "grande e poderoso mago" e, no momento da Sua encarnação, a Luz foi manifestada.

Precisamos ainda fazer a seguinte pergunta: qual é o vínculo entre a religião e a magia? Acho que é impossível fazer qualquer distinção, e isto é tão importante que não se pode separar as duas filosofias. Sendo assim, a magia torna a religião mais religiosa, e da mesma forma a magia é valorizada pela religião, obtendo um conceito mais elevado.

Todas as religiões tiveram certos componentes mágicos em seus dogmas, que em geral parecem ter características idênticas. Segundo o antropólogo inglês, *Sir James G. Frazer*, a religião tenta realizar-se por meio de fórmulas e rituais, que são exatamente aquelas coisas que a magia usa para controlar as forças da natureza. Na verdade, a religião age respeitando e acatando a vontade divina, enquanto a magia compele as forças místicas em algum grau. Estes dois conceitos parecem estar misturados; mas, se considerarmos o modo como ambos atuam, poderemos ter consciência de certo intercâmbio de elementos, de procedimentos básicos.

Ambas, magia e religião, necessitam da presença de um ou de mais praticantes, que professem sua fé (muito embora algumas vezes os fenômenos registrados sejam baseados unicamente na fé pura). Além disso, elas usam rituais, orações, salmos e cânticos, e ambas acreditam num poder superior, têm seus próprios sistemas e pedidos, aplausos, louvores, etc.

Tenho a idéia de que há mais religiões mágicas do que o contrário e, neste caso, a religião anda de mãos dadas com a magia; elas são bem combinadas sem nenhuma confusão. Elas não querem cobrir ou ocultar nada, porque o conhecimento mágico pertence a todos. Os seres humanos devem ser livres para usá-las em seu próprio benefício e no benefício de todos.

Há cerca de 2.400 anos, na cidade de Gordium, vivia uma grande pitonisa que havia prometido que quem fosse capaz de desatar o nó górdio se tornaria regente do mundo inteiro. Muitos pretendentes a regentes tentaram e falharam em sua intenção, até que Alexandre, o Grande, diante da atônita Pítia, tirou sua espada e desatou o nó de um só golpe.

Então ela disse: "Você será o regente do mundo." E assim foi.

Alexandre decidiu resolver esse grande mistério do seu próprio jeito. Ele entendeu o princípio do nó mágico pensando de uma maneira original. Isso tudo seria uma grande coincidência? Um ato de raiva ou de impotência? Quem sabe? Nunca saberemos a resposta... e especulações continuarão a oferecer explicações sem sucesso.

Talvez sua decisão fosse o único modo de destruir o destino por meio de uma espada que, como todos sabemos, corta o ar, as más influências, pressões obsessivas e quaisquer outros laços. E, como sabemos, no pensamento mágico, qualquer tipo de nó tem de ser feito com algo que é atado.

No baixo espiritualismo, onde o poder do médium é usado para cortar a liberdade de outros seres, é usada a técnica do nó astral. No meio da noite, uma pessoa é chamada pelo nome, de forma que o espírito dessa pessoa (que está descansando tranqüilamente) possa materializar-se no corpo de um médium em transe. Assim que isso é feito, e é confirmado que a personalidade real da pessoa atacada foi enfeitiçada, é dado o "nó mãe". Este nó é feito de várias fitas coloridas, que têm o poder de fazer a pessoa voltar tantas noites quantas forem necessárias para fazer seja qual for o trabalho sujo espiritual que pretendem. Toda noite é feito outro nó; a energia da vítima não é capaz de resistir aos subseqüentes ataques até que, por fim, ela sucumbe.

O objetivo de tudo isto é que o espírito amarrado possa ser comandado e levado a fazer coisas contra a sua vontade e a executar os desejos de seus possuidores espirituais. Todas as manhãs, a vítima terá a estranha sensação de que não descansou durante a noite. À medida que a mente se enfraquece cada vez mais, a vítima não será mais capaz de resistir às intenções dos seus inimigos.

Durante todo este processo, e até que seja dado o nó fundamental, a alma da vítima será perturbada à noite, parecerá que o seu corpo está lutando contra alguma criatura invisível e tendo uma espécie de convulsão. A vítima muitas vezes verá muitas pessoas que tentam capturá-la e, por fim, cairá no espaço vazio, num abismo. (Naturalmente, essa visão pode, algumas vezes, ter outros significados psicológicos sem corresponder aos citados conceitos.) Na maioria das perseguições espirituais e trabalhos de feitiçaria, estes sintomas são repetitivos.

Em outras ocasiões, um nó é usado na magia para propósitos inofensivos, tal como uma medida de proteção, ou como modo de tornar os pensamentos mais fortes e mais interligados.

Como podemos ver, a coisa se repete, e tudo depende das intenções do operador. Pode-se dizer que, na magia, a base fundamental é a vontade do operador, e entre a magia e o desejo zeloso de obter algo, cria-se algum tipo de efeitos mágicos.

A Bíblia diz: "Pedi e recebereis."

Se você pedir algo com toda a força da sua alma e com vontade e intenção incluídas no pedido, a coisa pode ser produzida. Tudo depende de você, e também do que você merece conquistar por causa do seu karma.

Ao longo do caminho da humanidade, e começando com Neandertal, muitos tipos de pensamento religioso e mágico foram vistos. Por exemplo, o fato de enterrar os mortos em covas superficiais com armas, objetos pessoais e verdadeiros tesouros é uma indicação que atesta que esses povos acreditavam numa vida depois da morte.

No Paleolítico Superior, os Cromagnons desenharam nas paredes das cavernas desenhos que representavam cenas de caça e mostrando animais já feridos e capturados. Era um tipo de intenção para antecipar a realização dos seus desejos, e tratou-se visivelmente da prática de uma arte do ponto de vista da magia.

Além disso, vemos que a humanidade do período Neolítico tinha uma forma de religião mais elaborada. Imitando a conduta de certos animais, eles tentaram prolongar a vida. Também criaram rituais para fazer chover ou evitar tempestades, inundações, etc. Em geral, eles pretendiam se salvar do mal com todo tipo de recursos.

Assim podemos apreciar o fato de que, desde o início da humanidade, a magia constituía um meio importante para ajudar a suprir a maioria das necessidades. As mentes mais simples, e também as mais desenvolvidas, se inclinaram a aceitar os trabalhos de magia. (Mas não estou afirmando a existência da magia, porque fazer isto seria uma tolice.) Assim reis, czares, regentes, políticos, artistas, etc., tiveram e têm seus magos, adivinhos e astrólogos. A magia *per se* é um mistério intrigante, tão absorvente quanto a vida. Ela até mesmo foi explicada pelas leis gerais a fim de facilitar sua compreensão.

Uma dessas leis é a "lei das semelhanças"; isto é, aquela de que algo semelhante a outra coisa pode criar um padrão semelhante. Quase como no teatro, pretende-se produzir formas semelhantes com as mesmas características a fim de favorecer a obtenção de resultados positivos. Também temos a "lei do contágio", que afirma que duas coisas que estiveram juntas ainda influenciam uma à outra apesar de terem sido separadas no tempo e no espaço. As duas leis mencionadas atuam com base na "congenialidade", não rejeitando, mas atraindo a outra.

Essas leis foram formuladas por um homem sábio, James George Frazer, antropólogo e historiador, que estudou as religiões por meio de métodos comparativos, inclusive os rituais de povos primitivos.

Vale a pena enfatizar que a magia, a ciência, a arte e a religião sempre deram origem à mesma atração e admiração do espírito humano. Um exemplo muito claro é o da religião do povo Iorubá, onde podemos encontrar os fenômenos da combinação intelectual conforme relatamos acima.

Suas crenças e práticas usam movimentos de dança, orações, música, canções, palavras, gestos, aspirações, odores, fragrâncias, sons musicais e assim por diante, e são capazes de produzir altas vibrações que estão além das barreiras do comum e do verossímil.

Ao incorporar os Orixás nesses rituais, eles podem produzir atos mágicos e fenômenos religiosos cheios de arte e ciência, tudo junto com a melhor das filosofias, compensada com o respeito pela Natureza como um todo em relação íntima com o respeito ao ser humano.

Quando se espalhou pelo Continente Americano, tomou um nome que foi generalizado sob o título de *Santería*, que quer significar respeito, adoração, e culto dos santos. Mas este termo é mais conhecido no Caribe e na América. No Brasil, entretanto, tomou o nome de *Candomblé*, mas todos os seus praticantes são devotados ao culto dos santos pertencentes aos santuários.

Todos eles reverenciam os mesmos Orixás, embora muitas vezes os nomes sejam outros, e outro seja o sincretismo. Seja como for, os fins e as práticas eram os mesmos, tendo uma intenção e sentido idêntico, embora os rituais possam ser diferentes.

Em seus panteões são encontrados a Força de Luz, os Santos e os Orixás, e com eles todo um sistema de vida e de como encará-la, sendo credo essencial a elevação da alma e a responsabilidade pelas nossas ações.

Assim o termo global *Santería* inclui a religião Iorubá na América.

Nessa religião, as práticas de magia negra eram totalmente proibidas, porque ela rejeita a bruxaria; o uso da força para aliviar a dor; e a submissão do corpo, da mente ou do espírito do ser humano em todo ou em parte, pelos mesmos motivos.

É simples notar tudo isto, porque não achamos forças caóticas ou destrutivas nesta religião, ou qualquer coisa espiritualmente nociva ou errada em sua essência.

Nenhum *Santero* ou *Santera* pode usar a força espiritual de um Orixá para obter vingança, porque não receberia nenhuma resposta do seu panteão. Nem mesmo se a vingança fosse justificada, porque a justiça age de acordo com quem a pretende.

Seja como for, ele ou ela pode pedir justiça, abrigo e proteção com respeito a qualquer tipo de problema, disputa ou controvérsia que surja em sua vida. Deste modo ele ou ela confiam na justiça divina, seja qual for o seu veredicto. A justiça de Deus escolherá o momento certo para pôr em ação os mecanismos ligados ao karma da pessoa.

O *Santero* ou *Santera* está bem consciente do "efeito bumerangue", ou seja, de que todo o bem ou mal que você fizer voltará para você. Ele ou ela conhece estas leis, e por essa razão sua responsabilidade e envolvimento são maiores do que os das outras pessoas.

Umbanda

A palavra Umbanda pode ser dividida em dois termos: *Um* e *banda*. *Um* ou *aum* é um poderoso mantra e, quando esse som nasal é pronunciado repetidamente, ele coloca o ser em harmonia e em conjunção com o Cosmos. *Banda* significa estar junto, e suas raízes vêm do sânscrito. É traduzida de várias maneiras como: aproximar, juntos ao longo do caminho de Deus, juntos sob a luz divina, a liberação dos limites, o limite do ilimitado, etc.

Trata-se de um fenômeno religioso muito espalhado que ocorre no Brasil e nos países limítrofes. A origem de seus rituais está fincada na África e o conteúdo do seu dogma é baseado numa história comum que foi repetida em alguma ocasião por toda a América.

Junto com a escravatura, veio a proibição das práticas religiosas da raça escravizada. Portanto, era preciso continuar a lutar com energia renovada. Primeiro, o culto era disfarçado sob uma aparente aceitação do cristianismo, a fim de não haver conflito com seus "donos", que consideravam as práticas africanas "cerimônias pagãs".

Esta resignação não representa o abandono da fé, porque os que os dominaram podiam ser donos de seu corpo mas não eram donos de suas almas. Eles faziam suas orações diante da imagem de Cristo ou de uma cruz, mas na verdade estavam prestando uma homenagem a Oxalá ou Obatalá, que também era o filho do Criador. Já explicamos como eles adaptaram e assimilaram os santos católicos no panteão africano. Eles os integraram e lhes deram uma nova posição em suas vidas e crenças. Esta moral e atitude religiosa ajudou-os a sobreviver sob a escravidão com todas as suas conseqüências.

Mas a sua crença nos Orixás era incorruptível, e a imposição de adorar outras imagens, santos, deuses e formas totêmicas simplesmente ampliou o campo de sua percepção para a tristeza da discriminação e do mal-entendido.

Notemos que este fenômeno de assimilação cultural feito à força por causas religiosas, ocorrido em Cuba, no Caribe, na América Central e até no sul do continente, produziu apenas um efeito: a crença nos Orixás da parte do povo Iorubá ou dos Lucumis não desapareceu, sendo ao contrário reforçada, divulgada e ampliada.

Muitas vezes, os filhos de patrões brancos ficavam doentes, e as mães, não achando os métodos dos cientistas aptos a curá-los, em desespero pediam ajuda aos seus escravos. Deus não faz nenhuma distinção com base no *status* social, na cor de pele ou em muitas outras diferenças. Ele nos ajuda quando nosso pedido é suficientemente sincero e projeta Sua própria Criação para tornar possível na Terra as "famosas curas milagrosas".

Os escravos africanos sabiam muito bem que os gritos das mães brancas não eram iguais aos deles, porque os seus eram marcados pela flagelação, pela fome e outras punições. Mas, sendo responsáveis em sua missão e em sua sabedoria primitiva, oravam a Olorum para a salvação e recuperação dos seus irmãos brancos.

"Pois quem fizer a vontade do meu Pai que está no céu, fará o mesmo a meu irmão, e irmã, e mãe." (Mateus, 12:50)

E a vontade de Deus era que se pusesse fim à escravidão. Seria tedioso enumerar os vários motivos para esta afirmação, mas entre outros temos de mencionar as pressões sociais, as diferenças culturais, a distância moral, os fatores econômicos, etc.

Ao mesmo tempo, muitas tribos nativas americanas foram extintas, e muitos proprietários de terras morreram, de preferência a se submeterem ou perderem seus privilégios sob novos donos que, apesar de tudo, não conseguiam dominar completamente os rebeldes.

Portanto, quando a liberdade chegou, muitos escravos negros já estavam mortos e um grande número de nativos americanos, pertencentes às várias tribos, haviam se mudado para outros planos de existência.

Esses dois grandes grupos espirituais queriam desesperadamente desenvolver-se, porque toda alma ou espírito necessita reparar erros passados para ser admitido à "lei da evolução espiritual". Eles não acharam um caminho dentro do Kardecismo (embora eu esteja convencido de que Allan Kardec — 1804-1869 — não tinha esta opinião) porque eram almas que tinham quase nenhuma carga kármica. Eles eram, portanto, considerados almas ignorantes. Os nativos americanos e os escravos eram tidos como pessoas incultas. Não eram capazes de se projetar nas sessões espíritas de maneira ortodoxa, porque suas mensagens eram consideradas irrelevantes e destituídas de ensinamentos construtivos.

Sua condição espiritual era tão firme que preferiram afastar-se e não aderir às sessões espíritas. Eles podiam disfarçar sua condição, suas origens, e fazer crer que estavam canalizando energias novas e diferentes a fim de fazer suas próprias manifestações sem objeções.

Eles respeitaram a decisão dos que não queriam emprestar seus corpos como médiuns a fim de tornar possível essas manifestações através deles, mas não lhes deram ouvidos. Em vez disso, tiveram de procurar um lugar dentro do Africanismo e aí, embora não fossem descartados, ainda não tinham um lugar em suas práticas.

Lembremo-nos de que o Africanismo puro não trabalha com *Eguns* (espíritos dos mortos), nem mesmo com aqueles que têm luz (espíritos desencarnados desenvolvidos). No Africanismo só são venerados os Orixás, não os *Eguns*. Os médiuns e filhos de Santo não materializam nenhum *Egum*; entre eles, os Orixás são encarnados, representando uma partícula minúscula da energia que pertence ao Anjo da Guarda; isto é, esta energia toma conta do corpo e é expressa através dele como a representação de um Omorixá.

Esta pungente necessidade espiritual provocou o nascimento da Umbanda no Brasil, que adotou a filosofia religiosa dos Iorubás, o sincretismo já criado, com o Catolicismo, e as técnicas mediúnicas do Espiritismo. Além do mais, a Umbanda ao mesmo tempo deu origem aos sentimentos de fraternidade numa base espiritualista.

No seu desenvolvimento e evolução, reconhecem-se dois ramos dentro do movimento religioso: a Umbanda Branca e a Umbanda dos Caboclos.

A primeira é também chamada de Umbanda Cáritas. Por meio dela, se manifestam os espíritos de nativos americanos e escravos ansiosos por evoluir e trabalhar o aspecto espiritual com o objetivo de ajudar os seres encarnados.

Os espíritos nativos começaram a pôr em prática o conhecimento obtido da vida material relacionado com ervas, plantas e pedras; portanto, ungüentos e prescrições que tornavam possível curá-los nas tribos. As almas dos escravos negros tinham a oportunidade de trabalhar em benefício de seus semelhantes humanos por meio da prática da sabedoria de alta magia. Isto era usado nos encantamentos para fazer poções de amor, obter prosperidade, paz, beleza, força, saúde, etc.

Dessa maneira, os espíritos dos Caboclos (índios) e dos Pretos Velhos faziam seu trabalho, em harmonia com espíritos médicos e com outras almas de diferentes correntes religiosas, que davam seu conhecimento e uniam forças com os Santos católicos, tendo em mente que "a união faz a força". Assim, podemos encontrar nos altares da Umbanda, Jesus, a Imaculada Virgem Maria, imagens de médiuns orientais, espíritos dos Incas, a Virgem dos Pescadores, junto com figuras de sereias, imagens de Pretos Velhos, de Africanos, de Vovós (avós negras), etc.

Na Umbanda Branca, os adeptos se vestem com roupas brancas. Calças, camisas, saias e blusas são feitas nessa cor. Eles incorporam *Eguns* que descem à terra na luz, a fim de realizar missões, ajudar e ajudar uns aos outros. No entanto, eles não aceitam Eshus ou Exus. Sua experiência religiosa não é muito complicada, nem mesmo extensa com relação ao tempo. Em suas cerimônias, não se usam habitualmente instrumentos de percussão. No entanto, algumas vezes isso acontece, embora seja raro encontrar esses instrumentos; mas vez ou outra usam somente um pequeno sino. Cantam unicamente salmos e canções tranqüilas, que servem para produzir o fenômeno mediunístico da incorporação. Seus líderes são chamados de diretores espirituais e estão a cargo das sessões de aprendizagem e da realização do desenvolvimento dos médiuns.

A Umbanda tem outro ramo chamado Caboclos, uma linha que apareceu muito mais tarde, e que geralmente serve como o primeiro elo no curso desse credo. Os africanistas dos Nagôs, Oiós e Cabinda são totalmente livres para praticar esta Umbanda, e muitos dos seus rituais fazem parte do chamado Batuque. Os crentes em geral seguem esta linha antes de abraçar "a Lei do Santo".

Basicamente, os Caboclos se parecem bastante com a Umbanda Cáritas. Olorum preside, e a imagem do Sagrado Coração é homenageada no alto de seus altares. O totem do nativo americano é considerado ao longo desta linha; ou seja, o Grande Espírito Tupã, criador de todas as coisas, que toma conta com muito respeito das almas dos nativos americanos de todo o continente americano, das tribos da América do Norte até a Amazônia, no Brasil, os incas do Peru, os astecas do México, os guaranis, os calchaquies do território argentino, etc.

Eles aceitam de bom grado Exus e Pombas-Gira, que consideram os verdadeiros defensores dos médiuns, mantendo suas imagens em pequenos altares enquanto o altar principal é reservado aos Santos.

As Giras de Exu (cerimônias ou trabalhos que usam essas forças) são realizadas em dias separados das sessões de Caboclos, ou em outras salas. Se forem feitas na mesma sala, cobre-se o altar dos Santos com uma cortina, visto que a energia a ser invocada é de vibração diferente, movendo-se no nosso plano astral. É por isso que pode haver uma ligação entre nós e os Orixás.

Na Umbanda dos Caboclos as cores são mais vivas e é até mesmo possível usar enfeites da mesma cor da entidade; mas, em geral, predomina a cor branca. As saias das mulheres são em forma de sino e decoradas com laços e babados, ao passo que as calças masculinas podem ser retas e simples, embora também se usem chinelos, pantalonas e calças de boca estreita.

Tambores, sinos, maracas e outros instrumentos são usados para criar uma vibração alta e intensa para a reunião de todos os guias.

Seus médiuns são chamados *cavalos*, porque são "cavalgados" pelas entidades. Eles giram em seu próprio eixo com surpreendente precisão, não perdem o equilíbrio, não balançam e até mesmo o cansaço físico não é notado. Este espetáculo de energia, dança e movimento adquire outro aspecto no momento em que as energias invocadas *montam* o corpo do médium, que adota a personalidade da entidade.

Os sacerdotes que pertencem a esta linha são chamados *Caciques da Umbanda* e para chegar a esse nível é preciso ter passado ao menos sete anos em treinamento e iniciação.

Os que estão presentes nos *terreiros* (templos) de Umbanda como simples espectadores durante os dias de reunião podem consultar alguma entidade e receber ajuda espiritual, orientação e conselhos.

É emocionante comprovar quanta sabedoria transmitem aos seus médiuns e a prontidão que demonstram em resolver os problemas dos consulentes. Os espíritos de "Pretos Velhos" trabalham dessa maneira, consolando, aliviando dores e dando conselhos diretos e sábios, com a inteligência que só a experiência e talvez a tristeza podem produzir.

Com seus cachimbos fumegantes, doces e licores, eles nos lembram nossos avós sonhadores: aqueles que são capazes de nos acariciar e ao mesmo tempo repreender quando somos maus. Mas seus velhos olhos mantêm as mais ternas recordações.

Eles são famosos por causa dos seus *resguardos* (talismãs ou amuletos), chamados *patuás*, feitos para atrair boa sorte, amor, dinheiro, *sex appeal*, etc. Em geral, quando descem à terra, fazem o corpo da pessoa que é tomada pelo espírito tremer, e adotar uma postura encurvada, até mesmo arqueada.

Os adoradores se sentam no nível do chão em almofadas ou pequenos troncos de madeira, e algumas vezes, mas não freqüentemente, em pequenos bancos.

Depois de marcar seu símbolo por meio de um pedaço de giz colorido (a cor depende do trabalho a ser feito, ou da pessoa a quem pertence), para indicar sua origem espiritual, hierarquia na magia, etc., eles estão preparados para iniciar seu trabalho.

Também é comovente observar os *caboclos* incorporando, porque as vibrações que produzem são de tão alta freqüência que a sala e as pessoas parecem se encolher.

Seus movimentos se tornam mais marcados, mais *marcatos*, com uma cadência rítmica de movimento, visualmente quase mais rígida, como uma demonstração da força desses guerreiros.

Eles não são tagarelas, nem se inclinam a falar. Na maioria das vezes apresentam uma personalidade quieta, introvertida mas, como contraste, são muito insistentes quando se trata do sucesso de sua missão.
tentes quando se trata do sucesso de sua missão.

Atributos de Oran-Niyan

Homens negros e brancos, juntos e unidos.
Conhecimento e ação, sabedoria e técnica.

Inspiração e intuição.
O nascer e o pôr do sol em busca do sol e da lua.
Com o mesmo e único Deus.
Com a mesma origem e a mesma finalidade.

No momento mágico e cósmico do início da chama criadora da Terra, Oduduá (pele clara) e Ogum (pele escura) amavam a mesma mulher.

Pai e filho estavam perdidamente apaixonados pela mesma essência feminina.

O ferro e as armas de Ogum possuíram-na de forma ilegítima, capturaram e sequestraram seus pensamentos, subjugaram-na sentimentalmente; o poder de Oduduá dominou-a até quase hipnotizá-la por completo.

Um contém o outro (a terra contém o ferro), mas tanto o pai quanto o filho desejam a mesma coisa na esfera carnal.

Desse triângulo amoroso nasceu Oran-niyan, meio negro e meio branco. Ele se tornou um dos sete grandes príncipes que existiram no início do mundo.

Oran-niyan é tido, na mitologia, como o fundador da dinastia Oyó, hegemônica, política e militarmente, em relação a outros reinos.

Ele herdou dos dois pais o ferro, a terra e a função de Olofi: separar as águas e criar a terra firme que delas emergiu.

Depois, as águas se separaram do ar (considerado o início da vida, símbolo do sopro criador e do céu em toda a sua magnificência), e as camadas terrestres foram criadas como o começo da vida dos seres encarnados no mundo.

Os sete primeiros príncipes, dotados de atributos divinos e características especiais, possuíram vastas riquezas, cada qual animando um princípio ativo de vida.

Segundo a Bíblia, e em linguagem figurada, eles podem ser relacionados aos sete dias da criação, com o descanso do Criador no sétimo. O sétimo príncipe é Oran-niyan, que, graças a atributos extraterrestres, pode ser considerado indispensável e representa a sétima etapa, em que a estabilidade e o equilíbrio já existem, e a paz do merecido descanso já se estabeleceu.

O mundo proveio de duas entidades (seus pais), mas precisou de uma terceira parte que, simbolicamente representada por uma galinha, poria um ovo como símbolo da vida.

A ave ciscou a terra e espalhou-a com o bico sobre as águas. Oran-niyan, assim como Obatalá e seu saco mágico recebido de Olofi, tirou a terra do alforje e espalhou-a entre os mares.

O culto se perdeu, mas muitos acreditam que, como a origem da teoria é mais divina que privilegiada, talvez nosso Obatalá (Oxalá ou Oxalaguiã), que empunha uma espada de prata com liga de ferro, descenda de Oxalufã (o ancestral mais remoto).

A lenda perdeu força porque se atribuiu a Obatalá a função de espalhar terra suficiente, tirada de seu alforje mágico, para criar as primeiras ilhas e os continentes. No entanto, quis resgatar essa antiga lenda africana para ressaltar a união que sempre deveria existir entre pessoas negras e brancas ou entre quaisquer outros grupos étnicos, como prova e desejo dos Orixás de que ambos os povos (e os de outras raças) se unam para a evolução do ser humano.

CONFISSÕES DE UM ATEU

A história registrou todos estes fatos, mas eles também estavam na consciência de uns poucos. No entanto, a principal testemunha foi o seu eu interior..., sua alma que, em completo silêncio, guardava toda a carga dos seus erros e acertos, seu egoísmo e caridades.

E exatamente naquele momento quase imperceptível do último e aparente adeus, como um vento irresistível, ele pôde ver toda a sua vida, com a velocidade da Luz.

Viu sua infância em segundos, sua juventude e a vida madura em um pouco mais de tempo, e sua velhice de modo claro, envolvente e aterrador. E teve vontade de reviver suas experiências, mas não pôde fazê-lo, porque seu corpo estava fraco e não reagia, embora sua mente ainda estivesse clara e ativa. Mas ele não podia mudar os fatos.

Temos de lembrar os que não estão mais aqui, e também os que continuam conosco. Temos de ter consciência, num segundo, do que lhes restou, de como e quando.

Pergunto a mim mesmo:

E agora, o quê?... Onde estás?... Sim!... Mas onde é o lugar?... Onde, onde estás que não consigo ver-te?... Oh!, por favor, onde estás, meu Deus?... Agora, justamente agora, que não tenho mais nada, quando tudo se perdeu, quando nem mesmo o meu ego me pertence, e minhas roupas, casa e idéias desapareceram de repente, e para minha surpresa, até o momento da minha partida ainda é uma questão não abordada...

Hoje é o presente, e estou esperando por tudo, embora não obtenha nada. E o fato mais absurdo é que sou eu quem está tentando falar-te, quando minha intenção sempre foi a de não fazê-lo, e em todos os momentos tentei te esquecer.

Contudo, finalmente, agora tenho certeza de que sempre estivestes presente, mas não na tua personalidade real divina.

Oh! Não me ouves?... Sou aquele que te negou, que riu de ti, que afirmou que não existias e que chamou de ignorantes, de crédulos e simples os que acreditavam em ti...

Sim, sim... Sou eu o mesmo que muitas vezes, por mera precaução, tentou obter o teu perdão, oferecendo esmolas, fazendo falsas confissões cheio de idéias profanas... Isso é exato e verdadeiro!...

Mas que estou fazendo?... Com quem estou falando?... Contigo?... Com quem?... Ele, que irá me exilar e condenar a um brutal e horroroso inferno!... Não, por favor, não!... Não quero fazê-lo!... Sempre recorri à tua entidade, à tua pessoa, ao teu ser divino... E *Te* aceitei!... Pois nunca pensei que esta hora pudesse chegar!

... E, vê, cometi o maior erro da minha vida. Mas, agora fui derrotado; não quero fazer isso nunca mais. Afastar-me-ei de minhas crenças más. Faze que eu seja um homem e, portanto, livre... Faze que eu reconheça a face que nunca te dei... No entanto, apesar de tudo, eu preciso de ti, agora que sei que tudo é assim. Mas preciso de ti justo e imparcial, cheio de amor, poderoso mas gentil ao mesmo tempo. Se fores assim, meu Pai, espera por mim, porque irei para o teu Reino, em paz e confiante...

Em seguida ele fechou os olhos e não viu mais nada. Entretanto, pela primeira vez, ele viu, com toda a clareza, toda a sua existência...

E a visão foi um grande raio de luz que envolveu seu corpo de branco.

Suas únicas palavras foram "Sim, agora sei quem és!... És Deus!... Meu único e amado Deus!"

EPÍLOGO

Este é o final de uma era, e outra está para começar. A humanidade está se preparando para saudá-la. A busca começou há mais de uma década. E para esse propósito nos lembramos de nossa condição humana que começou na noite do tempo. Estávamos conscientes de uma Grande Causa, de um Conhecimento Supremo diferente de tudo e, ao mesmo tempo, estávamos conscientes do todo, de múltiplas dimensões que pareciam uma só, embora simultaneamente tivéssemos o poder de entrar no mesmo inter-relacionamento. É por isso que estamos esperando o dia que virá no tempo, no futuro...

Temos a esperança de que as atuais condições sejam melhoradas e que a maioria dos crimes e das imensas injustiças sejam eliminados.

Somos muitos a esperar pela "Nova Era"; mas para nos ajustarmos a ela teremos de nos preparar para nos comportarmos como "Novos Homens e Novas Mulheres". E nossos princípios serão a fraternidade, o entendimento, a tolerância, etc... E nosso único fim e meio será o amor.

Este e nenhum outro é o propósito deste livro. Ele almeja tornar claro e divulgar os assuntos que são ignorados pelos nossos irmãos mas que constituem a base de uma fraternidade maior: a solidariedade e a reunião de todos os que estão inclinados a apoiar o africanismo por toda a América, e até mesmo unindo-se com outros continentes.

Mas essa intenção não tem em vista somente os adeptos da *Santería*, mas também a todos os espiritualistas que acreditam na alma e no espírito, mantendo o credo de que estes estão no topo de todas as coisas, e também as pessoas cujo ideal é o aperfeiçoamento do espírito como meio de prosseguir na nossa evolução.

Bem-vindos, todos vocês amigos de todas as correntes filosóficas e religiosas!

Bem-vindos, todos os que são praticantes da magia branca!

E isso é assim porque, seja qual for o seu nome, fonte, origem, tradição ou credo, vocês têm o mérito de estar junto numa coleção de cores e luzes esplêndidas.

Portanto, damos as boas-vindas a todos os que estiverem interessados em questionar, em investigar, em perguntar e em tentar esclarecer as idéias, porque todos juntos faremos um aprendizado muito mais fecundo.

E, mais uma vez, oro ao meu Criador, dizendo:

Onde falte a vida, que eu possa em teu nome
E interposição, criá-la...
Onde houver trevas, possa brilhar um raio da tua
Luz infinita...
Onde não houver amor, possa eu oferecê-lo,
Sem egoísmo e sem esperar recompensa...
E que sejamos capazes de viver com nós mesmos,
E também com os outros que vivem na Terra,
Quero que assim seja para que
o teu grande poder e divindade possam
ser a nossa proteção!

— Zolrak

GLOSSÁRIO

Abebé — Leque usado por Oxum e Iemanjá.
Abó — Líquido sagrado feito com ervas e ingredientes secretos, destinado a curas, banhos de purificação e cruzamentos de guias contra *Kiumbas*. O método de sua preparação só é conhecido pelos sacerdotes da *Santería*. Este líquido, considerado sagrado, é usado para lavar todas as coisas que estiverem dentro do quarto do Santo, se ele foi usado anteriormente para outras atividades, a fim de banir todo tipo de vibrações que possam ser consideradas perturbadoras.
Aché, **Ashé** ou **Axé** — Força, graça ou poder.
Adjá — Sinos de metal em forma de cone alongado que terminam juntos num único cabo. Acompanham outros instrumentos e servem de guia quando os Orixás estão em transe, tornando-o mais fácil.
Agó ou **Agô** — Uma espécie de saudação feita aos Orixás, pedindo permissão ou licença.
Agogó ou **Agogô** — Instrumento musical tocado nas cerimônias, feito de dois ou três sinos em forma de cone, ligados por pinças em forma de U ou de W, sem badalos. Seu som é produzido quando batidos com uma pequena vareta de metal. Em outros ramos da *Santería*, são chamados de *Ekon*.
Aguê ou **Agbé** — Maraca feita de uma cabaça oca, coberta de contas de cores diferentes, dispostas na vertical e na horizontal. Essas contas podem ser feitas de diferentes tamanhos ou de sementes de diversas árvores.
Airá — Nome de um Orixá, Xangô (no Candomblé), que serve Oxalufã e lhe serve de companhia, em geral quando este Oxalá, o mais velho, desce à Terra. É exatamente nesse momento que Airá se aproxima a fim de "apoiá-lo". Mesmo curvado, trêmulo e muito tranqüilo, pode dançar durante a cerimônia.
Ajeum — Comida oferecida aos Santos. Esta palavra é respondida por outra — *Ajeun-Na*. Diálogo que se estabelece entre o Pai e o filho de Santo, pedindo permissão para compartilhar seu alimento em tempos ou momentos de reclusão religiosa.
Akasha — Este termo é usado com muita freqüência no campo esotérico e significa conhecimento ou poder em forma de energia que está presente em todo o Universo.
Akwón — Aquele que se responsabiliza pelo solo musical durante as orações cantadas. Ele é o solista e o elemento fundamental durante as cerimônias Iorubás. O coro responde com diferentes frases, e muitas vezes, ao mesmo tempo, esses cantos são introduzidos e criam vibrações harmônicas de grande força. O Akwón

tem de ser experiente e passar por um longo aprendizado. Tem de ter um registro especial de voz e uma determinada cadência, para expressar toda a emotividade das orações aos Orixás.

Alá — Um manto branco quadrado, que os crentes ou iniciados seguram pelas extremidades, sob o qual dança um Orixá incorporado em seu médium. Ele também é usado no término de um *cruzamento*, numa festa depois do encontro, na qual as pessoas que participam das mesmas passam por baixo do Alá para receber proteção e vigor espiritual. Sabe-se que ele pertence a Oxalá ou Obatalá. Observa-se que alguns têm bordados feitos com fios amarelos muito finos, enquanto outros são bordados em cores pastel, mostrando cenas de anjos ou outros motivos religiosos.

Aleyos — Crentes, ativos ou não, que participam dos rituais religiosos.

Alguidar — Pote ou recipiente de barro usado para servir aos Orixás que não são considerados Povo da Água ou do Mel.

Amaci — Uma mistura ritual feita de ervas, que são maceradas em água de diferentes áreas ou regiões, obtida de chuvas, rios, cascatas, etc., em períodos que variam de três a sete dias, que é o prazo ideal. Esse preparado é deixado em repouso no Quarto do Santo, sendo iluminado por velas, e para essa finalidade muitas vezes são usadas velas de sete dias.

Apo Iwa — Saco que Olorum deu a Obatalá.

Aruanda — Lugar ideal onde moram as almas com luz e as entidades do Alto Astral. Dali elas descem para a Terra a fim de ajudar a humanidade. Esta crença é levada muito a sério no culto da Umbanda.

Ashishé — Poste de madeira colocado no meio do salão de cerimônias, unindo simbolicamente o Céu e a Terra. É visto freqüentemente nas casas de *batuque*, e muitas vezes contém grilhões e correntes como lembrete dos tempos da escravidão. Trata-se igualmente de uma espécie de homenagem para todas as almas que sofreram esse martírio.

Assentamento — Assentar um Santo ou o que também é chamado de feitura de um Orixá. Esta pessoa religiosa é feita juntamente com as "ferramentas" ou pertences do Santo, e esses objetos simbólicos, uma vez purificados, são colocados dentro de terrinas de sopa. No momento exato, eles exercem sua influência no plano material, segundo o papel a ser desempenhado e a área em que os Orixás têm sua influência.

Atabaques — Tambores usados pelos afrobrasileiros e nos Candomblés que de alguma forma sincretizam as culturas nativas americanas. São instrumentos sagrados, e só podem ser tocados por algumas poucas pessoas (que devem receber algum tipo de preparo) e que são batizadas ou têm o título de *Cruzados*. Os três mais importantes, a partir do menor ao maior em tamanho e importância, são *Run*, *Runpi* ou *Ronpí* e *Lé*.

Aura — Halo ou atmosfera imaterial de origem espiritual que rodeia o corpo. Sua cor é uma representação do estado psicofísico da pessoa, e é suscetível de mudança à medida que a pessoa evolui. É possível fotografar a aura por meio da câmera Kirlian. O resultado revela a verdadeira energia e vitalidade das pessoas e das coisas. Deste modo, a doença pode ser detectada (segundo a medicina heterodoxa) e pode-se usar técnicas de terapia alternativa.

Axogum — Pessoa que tem mão de faca.

Ayé — O mundo das coisas vivas.

Azeite de Dendê — Este azeite é usado para cozinhar e para oferendas, e também para os Ebós dentro da *Santería* Afrobrasileira, chamada Candomblé ou Batuque, e também é encontrada em outros ramos que vieram de elementos dos nativos americanos, tais como a Umbanda (veja Manteiga ou Óleo de *Corojo*).

Babá — Pai.

Babalawô ou **Babalaô** — Pai do segredo. Sacerdote culto especialista em artes divinatórias. Homem sábio religioso dedicado à Mesa Ifá. Na África antiga eles eram consagrados à Ifá e tinham um lugar privilegiado dentro do culto.

Babalorixá ou **Babaloxá** — Pai dos Santos. Era um alto cargo sacerdotal dentro dos rituais da religião.

Balé — Fora do santuário, onde se encontra a sala destinada às almas.

Bantu — Grupo étnico e lingüístico relacionado com as línguas faladas no sul da África de origem congolesa-nigeriana.

Barco — Grupo de filhos de Santo que *embarcam* juntos durante um cruzamento, dormindo em esteiras sem travesseiros. Este fato é chamado *fazer o chão*. Para descansar, eles são organizados segundo sua hierarquia como Santos e seguindo a linha ou nação a que pertencem.

Barracão — Espaço onde acontecem as cerimônias, onde o público se reúne, sejam seguidores ou não, e membros da religião; ou seja, de caráter público, que o Candomblé mantém como parte de sua prática.

Batá — Tambores usados na *Santería* afrocubana. Segundo seu tamanho, de pequenos a grandes, são chamados *Okonkolo*, *Itótele* e *Iyá*.

Batuque — Religião afrobrasileira professada no sul do Brasil, principalmente no Rio Grande do Sul. Seu nome veio do costume de chamar com atabaques porque a palavra significa ruído de atabaques.

Em geral, os ritos variam da *Santería* afrobrasileira (Candomblé) para a *Santería* afrocubana. As diferenças são pequenas, destituídas de importância, e se referem às bases ou princípios fundamentais do credo. Há diferenças entre Nações, por exemplo, sobre o dia da mesma dedicado a cada Orixá, ou sobre a cor regente das velas ou a comida a ser ofertada (obviamente, por causa das diferenças climatéricas). Seja como for, há uma clara diferença a ser enfatizada entre um Quarto Sagrado do Batuque e um do Candomblé. O último é usado para *vestir os santos*; isto é, *terrinas de sopa* são colocadas sobre grandes jarros de barro que, por sua vez, são vestidos com ornamentos africanos pertencentes ao Orixá. Além disso, em volta das terrinas de sopa, são colocados sete pratos e, entre eles, as ferramentas e pertences de cada Santo, sua coroa, seu abebé, etc. Finalmente, o conjunto é encerrado dentro da guia ou colar do Santo. Todas essas diferenças são incidentais e não modificam a base do culto.

Botânicas — Lojas de comércio onde se vendem os produtos religiosos de origem africana, junto com produtos mágicos ou esotéricos (embora estes últimos em menor quantidade). Este nome é usado nos Estados Unidos e na América Central, mas no Brasil, no Uruguai, no Paraguai, na Argentina, e em outros países sul-americanos, são conhecidas como *santuários* ou *santerías* (esotéricos).

Búzios — Veja *Cyprea Moneta*.

Cabildos — Lugares onde os Santeiros se encontram para discutir sobre uma regra, uma lei ou sobre qualquer regulamento que tem de ser levado em conta no interesse da religião.

Caboclos — Espíritos de luz dos nativos americanos. São eficientes curadores espirituais. Estão presentes nos ritos da Umbanda.

Cambono — Alguém que colabora com uma entidade na Umbanda. Muitas vezes são úteis como intérpretes entre o consulente e a entidade. Geralmente são escolhidos pela entidade por causa de alguma afinidade espiritual.

Candomblé — *Santería* afrobrasileira. Este é também o nome de uma dança em homenagem aos Orixás. Outra dança praticada pelo povo negro no Uruguai e na Argentina, que parece ter a mesma origem, é chamada *Candombe* e é rioplatense. (O Rio da Prata é uma das fronteiras entre esses dois países.)

Cartomante — Pessoa que adivinha jogando cartas especiais. O leitor de Tarô é um cartomante que usa as cartas do Tarô. Cartomancia é a arte de predizer o futuro através das cartas.

Chakras — Palavra de origem sânscrita que significa "roda". Centros energéticos localizados na superfície do duplo etérico de um ser humano.

Corpo etérico — Envoltório etérico ao redor do corpo, com cerca de 5 cm. Muitas escolas espiritualistas acreditam na sua existência.

Cruzamento — Ato ritualístico usado para "assentar" um Orixá regente sobre uma pessoa. A idéia é cruzar os lados carnal e espiritual, como o humano e o divino. No primeiro cruzamento, a pessoa recebe o que se chama a "Lei do Santo".

Cyprea Moneta — Nome científico dos moluscos trazidos da costa oeste da África e muito usados nos santuários. Comumente, são conhecidos como *cowries* (em inglês), *cauris* (em espanhol) ou *búzios* (em português, em todas áreas e países sob a influência religiosa do Brasil).

Dadá — Um Orixá que de algum modo foi deixado de lado. Os Santeiros costumam contar que ele era um princípio feminino que cuidava de crianças pequenas, dava boa saúde à mãe e bastante leite materno para esta amamentar os filhos.

Descarrego — Nome usado no Candomblé e sobretudo na Umbanda para indicar os banhos de purificação ou de descarga espiritual pertencentes a algum santo ou entidade.

Dijina — Este é o verdadeiro nome de um Orixá, mais exato do que seu nome exotérico. Em outras palavras, é como se fosse o seu nome ou classificação espiritual. O dijina ou digina do Santo é um segredo entre o filho da religião e o sacerdote que o iniciou nas leis do Santo.

Dilogum ou **Delogum** — Adivinhação por meio de moluscos marinhos. É a abreviatura do termo "Merindilogum".

Ebó — Assim são chamados, no Brasil e países de sua influência religiosa, os trabalhos realizados com a Alta Magia Branca dos Orixás.

Ecó — Líquido obtido de diferentes ingredientes (reservados para os iniciantes) e depositado em pequenos jarros. Sua função é catalisar energias negativas de modo a eliminá-las de um templo ou casa religiosa.

Egum ou **Egumbum** — Na língua Nagô, um osso ou a alma de uma pessoa morta.

Egun — Espírito de pessoa morta.

Encarnação — A vida do espírito dentro de um corpo ou da matéria, até o momento da sua desencarnação ou, como é comum e erroneamente chamada, "a morte". Esta crença faz parte da maioria das doutrinas espiritualistas. Trata-se do lapso da existência do espírito no planeta Terra.

Era de Aquário — Era ou estágio astrológico que, segundo dados astrológicos e astronômicos, ainda não começou. É chamada de era ou estágio em que a humanidade buscará a amizade com os semelhantes, deixando de lado quaisquer obstáculos que possam surgir. Os assuntos espirituais superarão os materiais. Já se fala sobre o início dessa era porque todos estão ansiosos para recuperar a antiga e esquecida sabedoria, e o primeiro passo já foi dado. No momento existe um movimento cultural que reúne todas as correntes filosóficas, místicas e religiosas como uma indicação para o início da Era de Aquário, também chamada de Nova Era. Nela será essencial a liberdade de pensamento, e a humanidade será reavaliada na sua capacidade de escolher sem ser crítica. Indubitavelmente, ela postula obter uma melhor qualidade de vida.

Eshu, **Echu**, **Exu** ou **Esu** — O elo entre a humanidade e os Orixás. Ele se manifesta em objetos de ferro de diferentes formatos e no barro, algumas vezes no Otá, e ocasionalmente de modo direto em imagens (tudo isto dependendo de cada tradição).

Ewá — Este Orixá costuma ficar em águas tranqüilas, em lagoas e lagos. Alguns pensam que ele representa uma forma diferente de Oiá ou Obá.

Ewe — Ervas, o componente principal do Omiero.

Gira — Uma espécie de prática da Umbanda. Por seu intermédio, os médiuns dançam num círculo ao redor de seus próprios eixos, fazendo movimentos em direção circular dentro do terreiro e criando, desse modo, uma forte força centrípeta.

Gisé — Refere-se às pirâmides de Gisé. Numa área perto das margens do rio Nilo, onde foi construída a pirâmide de Quéops há 5.000 anos pelo faraó do mesmo nome. Também existem a pirâmide de Quefrém, a segunda em importância e tamanho, e a terceira e menor delas, Miquerinos.

Güemilere — Festa dos Orixás no ritual afrocubano.

Hinayana — Ramo do Budismo, que significa "pequeno veículo".

Hermafrodita — Derivado dos nomes de Hermes e Afrodite, que tem os dois órgãos sexuais de reprodução.

Iaba — A encarregada de fazer as comidas ou oferendas aos Santos. Sua função é muito importante nos templos, principalmente durante épocas de cruzamentos, nas quais o iniciado é diretamente assistido enquanto fica em reclusão religiosa.

Ialorishá ou **Iyalocha** — Sacerdotisas.

Ibeyis — Santos gêmeos, protetores das crianças, sincretizados com São Cosme e São Damião. Sua festa em geral acontece no dia 27 de setembro, ocasião em que as crianças e os adolescentes recebem doces e brinquedos. Durante essa celebração também se procede ao batismo das crianças, que dessa forma recebem forte proteção religiosa. Invocando o Todo-Poderoso através dos Ibeyis, São Cosme e São Damião, pede-se proteção para a criança a ser batizada, e o sacerdote derrama água sobre a cabeça da criança (com a prévia permissão do seu Anjo da Guarda). Esta também é uma reminiscência do dia em que Jesus foi batizado por São João Batista. Escolhe-se uma madrinha e um padrinho (de preferência da mesma religião), porque a criança também será protegida pelos Orixás dos padrinhos. Um dos presentes segura uma vela branca sobre a cabeça da criança (para iluminar ou providenciar luz para o ritual). O espaço entre a cabeça e a vela tem de ser no mínimo de 15 cm. Este é um ato importante, pois o sétimo Chakra recebe Água e Fogo sobre a Terra — o seu próprio corpo — e o Ar do Cosmos como energia suprema, que desce na forma de espiral para dar dinamismo e vitalidade ao centro energético. Este é um dos modos de abrir o Chakra. Enquanto isto, o elemento Ar é também apoiado pela Terra com a ajuda de sinos, tambores, etc. O padrinho segura um lenço de algodão branco bordado com o nome do batizando num dos cantos, o qual é usado para enxugar a cabeça da criança. A partir desse momento este pano se torna uma coisa sagrada, e a pessoa interessada deverá guardá-lo (e também o que restar da vela) para usar em momentos difíceis da vida.

Uma bela oração usada nestes rituais é a seguinte:

As águas do rio Jordão
Batizaram Jesus,
E eu batizo a ti sob o sinal da Cruz.
Dois, dois, Sereia do mar.
Dois, dois, meu pai Oxalá.

Esta oração deve ser repetida duas vezes do início. Note que "dois, dois" refere-se à qualidade de gêmeos.

Durante essa celebração, fazem-se visitas a hospitais e asilos, e dá-se donativos e presentes. Algumas vezes as autoridades dão permissão para a apresentação de divertimentos circenses e coisas semelhantes. À noite, fazem-se oferendas para os Ibeyis, como brinquedos, bolos, doces, etc., tudo iluminado com muita cor. Ajuda, assistência e vários tipos de favores são pedidos em favor das pessoas que estão passando por situações difíceis.

Ifá — Deus da adivinhação, mediador entre Oromilaia (também chamado Alafin) ou Orumila e outros santos.

Ifé — Cidade nigeriana e centro religioso dos Iorubás.

Iku — A morte.

Iruexin — Pequeno abano feito de rabo de cavalo, também conhecido por **iruke**.

Kabbalah ou **Cabala** — Tradição. Explicação do sentido de escritos sagrados e antigos, oralmente transmitidas pelos hebreus. Os judeus a adotam como forma de misticismo bíblico. Por meio de sua filosofia, eles interpretam Deus e o Universo.

Karma — Lei de Causa e Efeito.

Kiumbas — Espíritos perturbadores de pessoas mortas que foram más durante a vida, tais como assassinos, estupradores, impostores, etc., com séria intenção de fazer o mal. Depois de sua desencarnação, eles passam para esse grau espiritual. Eles acompanham os seres encarnados para fazê-los pecar. Magos negros ou *macumbeiros* usam esses espíritos para fazer mal a outras pessoas.

Kundalini — Força espiritual também conhecida como fogo serpentino, porque se trata de uma energia vital que penetra através do chakra básico ao longo da espinha dorsal. No seu núcleo, mesclam-se as essências masculina e feminina. A face feminina é a elevada, também chamada Mãe do Mundo. Mesmo quando dormimos, sua força está latente e sustém a energia vital. Ligada ao centro da Terra, onde o fogo *ab aeternum* vive, faz um todo com a suprema alquimia, dando nascimento a uma tríade perfeita como Fogo, energia e Sol, criando o laboratório seguro para manufaturar a fórmula que tem de ser energizada dia após dia.

A energia flui ao longo dos três canais, que parecem descrever o desenho do caduceu de Mercúrio. O primeiro canal é chamado Ida, a essência feminina; o segundo é Pingala, ou a energia masculina; e no meio se encontra Sushumna, o grande canal que representa a possibilidade de elevar-se a um nível superior de consciência. Este é o caminho seguido pelos iogues e pelos hindus para captar os processos energéticos derivados de fontes espirituais.

Lucumi — Também conhecidos como Ulcumis, e que vêm de regiões próximas do Delta do Rio Negro. A palavra *Lukkami* tornou-se *Lucumi*, e eles viviam no Oío ou reino de Ulkama.

Lilith — Psicanaliticamente, representa o lado negro da psique, o lado feminino. Sendo a Lua um satélite feminino, não só pelo seu gênero mas também por suas faculdades, diz-se que Lilith é o lado escuro da Lua. O texto cabalístico, o *Zohar*, define Lilith como a Soberana das Profundezas, imitando a nossa subconsciência.

Muitos autores vêem nela os medos ancestrais do homem, fazendo algumas comparações.

Macumba — Um termo pejorativo para todos os cultos afrobrasileiros em geral, relacionando-os com práticas completamente diferentes das da real *Santería*.

Mahayana — Ramo do Budismo, que significa "grande veículo" e é uma visão revolucionária e liberal do universo. Desenvolveu o conceito do Bodhisattva. Um Bodhisattva é um ser que tenta alcançar a iluminação ou a mente pura, viajando pelo caminho da sabedoria buscando o estado búdico. O Bodhisattva não só se preocupa com buscar perfeição espiritual, mas também com levá-la para os outros. Ao longo do caminho do aperfeiçoamento, alcançam-se diferentes estágios da consciência até tornarmo-nos o próprio Buddha, como se estivéssemos em nosso próprio templo. Este é o momento em que você começa a se conhecer e a descobrir Deus dentro de si mesmo. Com o Mahayana, as mais conhecidas escolas são Tantra e Zen. Também há a "Buddhist Nichiren Shoshu", descoberta no século XIII no Japão por Nichiren Daishonin, que tomou os escritos budistas do Lotus Sutra como sua inspiração. Os seguidores desta escola continuamente repetem a sentença "Nammyoho-Renge-Kyo", que significa "Eu sou a causa e o efeito também".

Maleme — Misericórdia. Pedir por misericórdia é um ato de profunda humildade.
Manteiga ou Óleo de Corojo — Óleo concentrado usado pela *Santería* cubana. Assemelha-se ao azeite de dendê.
Médium — Ponte entre o mundo material e sua contraparte, o mundo espiritual. O médium é o meio de ligá-los.
Mediunidade — Também chamada o sexto sentido. Faculdade psíquica que quando desenvolvida capacita um ser humano a ficar em contato com o além.
Místico — Pessoa que busca a perfeição espiritual por meio da religião e das doutrinas filosóficas a fim de alcançar Deus através da alma, enquanto está num estado de comunhão e usando o amor universal como um veículo.
Nações — As diferentes linhas ou tradições no culto africano dos Iorubás, que possivelmente mudam em certos detalhes, mas nunca na base ou essência, sempre mantendo os mesmos alicerces.
Nigéria — República na África Ocidental.
Obá — Rei.
Obi — Coco, também usado para prever a sorte.
Odus — Também são conhecidos como "cartas" (letras) na *Santería* cubana. São histórias relacionadas com as leituras *dilogum*.
Ogá — Pessoa de segunda autoridade no templo, assistente do Babalorixá. Substitui-o quando está ausente.
Olodumaré — O Deus poderoso, o início sem fim.
Omiero — Líquido de água da chuva, água do mar ou do rio, mel, água benta de sete igrejas, etc., usado para lavar e purificar os elementos do culto.
Omorisha — Pertence à *Santería*, e também é filho de algum Santo ou Orixá.
Orações — Salmos que são acompanhados por tambores, também chamados Rezas, que muitas vezes narram histórias, lendas e outros dizeres que explicam a vida dos Orixás. São executados em seu louvor e cada Orixá tem seu toque (isto é, o tipo de percussão do tambor) que é diferente do dos outros. As Rezas também podem ser cantadas a capela. São usadas para invocar algum Santo, juntamente com a execução de algum trabalho espiritual, oferenda, festa etc.
Ordun — Cada uma das posições em que caem as conchas quando se fazem leituras *dilogum*.
Ori — Cabeça.
Oriaté — Opele ou Rosário do Ifá.
Orun — O outro mundo.
Otá — Pedra que segundo suas características é oferecida a um ou outro Orixá, para seu assentamento. São coisas e objetos que fazem parte do veículo do

Orixá na Terra, e também os símbolos Ashê que como ímãs atraem energia a ser canalizada.

Padê — Comida ou oferenda destinada ao Exu no culto do Candomblé. Todas as cerimônias começam com Padê para o Exu a fim de que sejam favoráveis e tomem conta de tudo, e para que as coisas corram sem transtornos. O Exu é o primeiro a receber as oferendas porque ele é o elo entre os seres humanos e os Orixás.

Palha da Costa — Nome dado no Brasil a um tipo de ráfia usada nos rituais.

Patuá — Pequeno saco de couro ou de pano contendo um búzio, e algumas vezes pedacinhos de coral, ímãs, arruda, ou outra erva, segundo o tema a ser protegido ou harmonizado. Pode ser eficaz como amuleto. É usado na *Santería* e na Umbanda brasileira.

Paxoró — Bengala de Oxalá ou Obatalá. Representa o seu poder na Terra.

Pegi — Altar ou quarto do Santo.

Perispírito — O mesmo que corpo etérico, mas com outro nome assim que uma pessoa desencarna. Segundo a crença, retém traços da boa ou má conduta como manchas coloridas, onde predominam o preto, o vermelho e o branco. A intensidade de uma destas cores marca o grau do espírito uma vez desencarnado. Esta crença é mantida por algumas correntes kardecistas e por outros espiritualistas.

Pomba-Gira ou **Bombo-Giro** — Mulher Eshu ou Exu que trabalha como "empregada" dos Orixás femininos. Atualmente, são chamadas Bombo ou Pombo-Gira.

Ponto de Fogo — Bastão de madeira aceso, em forma de tocha, usado para descarregar pessoas e coisas de doenças espirituais. Algumas pessoas definem esta prática como o ato de marcar um ponto de fogo: Um ponto é desenhado no chão diante da porta de uma casa; o desenho é coberto com pó inflamável; e o pó é aceso para limpar a casa e banir dela, ou dos seus habitantes, os *Kiumbas*, ou elementos perturbadores. Estas práticas são desenvolvidas no culto da Umbanda. O pó é seguro e encontrado nas lojas como "pó de teatro".

Pontos Craggy — Pontos esotéricos e cabalísticos pintados no chão ou numa tábua de madeira por meio de um giz ou de uma pedra colorida. Algumas entidades ou pontos, que pretendem cumprir um trabalho espiritual específico, são identificadas por seus símbolos.

Posição de Lótus — Postura física ou atitude especial para meditação. Geralmente, o perfil de Buda é visto nesta posição. Acredita-se que o nome da flor de lótus foi escolhido por causa da brancura ideal de suas pétalas. A despeito de nascer no lodo, sempre permanece imaculada. É o símbolo da superação dos problemas e ensina a maturidade.

Pretos Velhos — No português, "Negros Velhos", almas de escravos, espíritos que brilham com a "Luz" e trabalham para o bem.

Reencarnação — Por este ato um espírito desencarnado volta ao seu corpo de matéria, cumprindo a lei sob seu nome. Em forma encarnada, é possível ao espírito reparar erros passados, tendo a possibilidade de escolher o corpo no qual a reencarnação acontecerá. Deste modo o núcleo, o lar escolhido terá entre seus componentes um karma comum a ser elaborado, criando desta maneira o perfeito equilíbrio para a reparação.

Roncó — Em português, em geral é chamado *camarinha*, um lugar físico onde os iniciantes passam a noite, e o cruzamento ou Santo exige o compromisso de ficar todo o tempo. Ali um estado de retiro espiritual tem de ser realizado completamente sob a obediência de regras difíceis previamente estabelecidas.

Santería — Adoração do Santo. Religião americana dos Orixás.

Sutra — Escrituras aforísticas que se relacionam com os ensinamentos do Buddha.

Telepatia — Fenômeno produzido dentro da parapsicologia, geralmente conhecido como transmissão de pensamentos.

Terreiro — Casa religiosa ou templo da *Santería* brasileira.

Terrina de Sopa (*Sopeiras*) — Potes de louça ou cerâmica, que muitas vezes se parecem com as panelas de cozinha, onde se colocam os *Otanes*, com todas suas bases.

Umbanda — Ramo distinto da *Santería* afrobrasileira, com conteúdo religioso dos nativos americanos e Espiritualismo.

Usnisha — Pequena bolha no crânio de Buddha.

Vassoura — Ferramenta de "Naná", feita de tiras de algum tipo de ráfia, decorada com búzios.

Xarará ou **Sharará** — Símbolo de Omulu, feito de ráfia, parecido porém não idêntico ao de sua mãe.

Xire ou **Shire** — Ordens de oração para os *toques* dos Orixás.

Yahweh — Palavra ligada à raiz do verbo "ser". Seu significado poderia ser "Aquele que é", ou, até com um caráter mais eterno, "Ele que sempre será". Esta palavra, segundo pessoas eruditas, seria o resultado da pronúncia do Tetragramaton sagrado JHWH ou YHWH, que significa Deus dos Hebreus.

Yaos — Mulheres iniciadas dentro do culto da *Santería*.

Yin — Yang — Nome dado no mundo Oriental para designar o equilíbrio entre dois princípios naturais — o feminino e o masculino.

Zambi — Outro nome para Olorum, o Deus. Usado principalmente por todos os descendentes religiosos da região de Angola, na África.

Bibliografia

Amadou, Robert. *La Parapsicología*, Ed. Paidos, 1976.

Bladle, George W., e Muriel Bladle. *Introducción a la nueva genética*. Edit. Universitaria de Buenos Aires, 1973.

Burns, Edward McNall. *Civilizaciones de Occidente*. Siglo Veinte, 1980.

Carr, Archie, et al. *La tierra y la fauna de Africa*. Ed. Offset Multicolor S.A. 1966 Ed. Life.

"Del Origen de la Vida al Fin del Mundo." In *Las Ciencias Prohibidas*. Ediciones Iberoamericanas. Quorum, 1987.

de Nerac, Gastón. *Mitologia*. S.E.L.A., 1961.

Diccionario Enciclopédico Salvat. Salvat Editores, 1967.

Drewal, Henry John, e John Pemberton III, com Rowland Abiodun. *Yoruba: Nine Centuries of African Art and Thought*. Organizado por Allen Wardwell, Nova York: The Center of African Art in Association com Harry N. Abrams Inc. Publishers, 1991.

Hall, Angus. *El mundo de lo oculto: Monstruos y bestias míticas*. Barcelona: Editorial Noguer S.A., 1976.

Iveline, M. *Nostradamus*. Ed. Orbe, 1973.

Leadbeater, C.W. *Los Chakras*. Editorial Kier S.A., 1990. [*Os Chakras*, publicado pela Editora Pensamento, São Paulo, 1960.]

Morente, Manuel García. *Lecciones preliminares de Filosofía*. Ed. Losada, 1978.

Pijoan José. *Summa Artis, historia general del Arte*. Espasa Calpe S.A., 1953.

Três Iniciados. *El Kybalion*. Editorial Kier, 1981. [*O Caibalion*, publicado pela Editora Pensamento, São Paulo, 1978.]

Zucchi, Hernán. *Estudios de Filosofía antigua y moderna*. Universidad Nacional de Tucumán, Instituto de Filosofia, 1956.

Agradecimentos Especiais

José Ribeiro de Souza

Rei do candomblé no Brasil, escritor, conferencista, professor de Línguas Sudanesas, produtor de discos temáticos e apresentador de rádio e televisão. Babalorixá, chefe espiritual do Terreiro de Iansã Egum-Nita, estrada Santa Ifigênia, 152, Taquara, Jacarepaguá, Rio de Janeiro, Brasil.

Querido pai!
Muitas são as coisas pelas quais tenho de lhe agradecer. Você foi verdadeiramente um pai espiritual e sou-lhe grato não só por todos os seus empreendimentos religiosos, mas também por aqueles que formaram meu caráter e pelo lugar que me reservou a seu lado, sob seu abrigo e proteção.

Você foi um homem de grande poder, mas seus valores morais sempre brilharam no âmago do Bem, fortalecendo sua missão como sacerdote e honrando a grande função que desempenhou.

Seus ensinamentos ainda estão comigo, entesourados pelo que valem: verdadeiras pedras preciosas, erós, segredos verdadeiros.

Quando alguma incerteza me abatia ou confundia, você me lembrava: "Filho, não se esqueça de que é santeiro". Querido Pai, nunca me esqueci... e procuro sempre cultivar os bons sentimentos e a verdade que o senhor me transmitiu.

Só posso lhe dizer:
Axé!

Pierre Edouard Leopold Verger

Escritor, fotógrafo, antropólogo, etnólogo, pesquisador de religiões africanas, babalaô, conhecido apenas como Pierre Verger ou Fatumbi ("Aquele Que Renasceu em Ifá"), nascido de novo graças a Ifá ou por meio de Ifá, que representa o verdadeiro significado dessa palavra.

Meu respeitado Pierre!
No início dos anos 1990, você teve a bondade de dividir comigo sua casa em Salvador, na Bahia, Brasil, onde passamos horas falando sobre candomblé, espiritualidade, divinação, oráculos etc.

Para mim, foi uma honra conhecê-lo na época e ensinar-lhe o tarô dos orixás, que no Brasil era e é conhecido como *Tarô Sagrado dos Orixás*.

Conversamos muito e aprendi bastante com você.

Muito obrigado, caro Pierre, por sua humildade, calor humano e todo o Bem que ofertou ao mundo intelectual com seu trabalho incansável e fantástico.

Você foi e será sempre grandioso, uma lenda que permanecerá viva.

Meus respeitos e minha admiração de sempre,
Zolrak

Carl Llewellyn Weschcke

Carl Llewellyn Weschcke foi proprietário e diretor da Llewellyn Worldwide, a maior e mais antiga editora do mundo voltada a assuntos metafísicos. Desempenhou papel de relevo na ascensão da Wicca e do neopaganismo nos anos 1960 e 1970, sendo chamado de "Pai da New Age" por defender publicamente temas de magia.

Meu caro Carl!

Querido amigo, sei que suas ocupações são muitas depois de ter nos deixado. Mas sua alma sempre foi inquieta, transbordante de uma fé sadia, extremamente analítica, perscrutadora e investigativa.

Você deixou um grande legado, como só grandes homens podem deixar. E, ao fazê-lo, continua hoje presente na lembrança e no coração de todos aqueles que tiveram a boa sorte de conhecê-lo e de partilhar com você momentos fantásticos de alegria e sucesso.

Quando apertei sua mão pela primeira vez, logo percebi que estava diante de um Grande Mago. Você não era apenas um homem de negócios e um editor; era também alguém que conhecia profundamente a complexidade da alma humana.

Seu olhar terno sempre revelou paciência, sabedoria e um magnetismo que o tornavam especial mesmo para aqueles que não entendiam sua grandiosidade.

De onde você está, do plano de luz que Deus lhe reservou, por certo continua a inspirar, encorajar e proteger seus entes queridos, amigos e autores – porque todos, sem exceção, acreditamos que somos parte do seu universo de afeições, graças à sua alma generosa.

Querido Carl, hoje eu lhe mando daqui um beijo, com a firme convicção de que você continua lutando para adquirir conhecimento e de que iluminará com sua mente sábia os espíritos ainda alheios aos verdadeiros mistérios da alma.

Para sempre,
Zolrak

Babalorixá Jorge de Xangô
Sr. Jorge Verardi
Presidente da Afrobras

A 5 de outubro de 1973, o recém-criado Conselho Nacional de Umbanda teve por primeiro diretor o babalorixá Emílio Campos da Rocha, que exerceu essa função até 1985. Essa entidade passou depois a ser chamada de Conselho da Religião Afro-Brasileira do Rio Grande do Sul e, em seguida, de Federação das Religiões Afro-Brasileiras (Afrobras), nome pelo qual é conhecida atualmente.

Em 1985, o sr. Jorge Verardi de Xangô assumiu a presidência e, com grande autoridade moral, espiritual e intelectual, defendeu seus preceitos filosófico-religiosos sob o estandarte da Verdade e da Justiça. Lutou fraternalmente com perseverança incansável, obtendo resultados tanto na esfera da comunidade quanto em nível nacional e internacional, na defesa da Liberdade Religiosa, de seus associados e de todos quantos, mesmo sem pertencer a ela, eram adeptos ou simples apoiadores.

As atividades exercidas por Pai Jorge de Xangô (sr. Jorge Verardi) podem ser definidas como de "um guerreiro da Luz" no embate contra as forças da intolerância, da ignorância, da discriminação e do preconceito em todos os níveis: racial, de gênero, social etc.

Sempre tendo uma Ponte de Paz para aqueles que buscavam ajuda, sem fazer discriminações de nenhum tipo, considerava a todos autênticos irmãos.

Ele está mais presente que nunca e transcenderá o tempo como um exemplo a ser seguido.

Minha mãe (já falecida) e eu tivemos o prazer de conhecê-lo pessoalmente, como convidados especiais em uma de suas sessões espíritas nos anos 1980. Desde então, nunca esqueci seu magnetismo pessoal, sua receptividade e capacidade como médium.

Essas palavras de gratidão por seu trabalho estendem-se à Afrobras, bem como a todos os seus membros e colaboradores. Elevo meus pensamentos a Deus Todo-Poderoso para que ele continue iluminando-os.

Axé!

Sobre o Autor

Professor de Astrologia e Prática Científica. Instrutor de controle mental. Parapsicólogo. Especialista em técnicas de divinação. Vidente. Especialista em psiquismo natural. Médium. Estudioso e pesquisador de culturas do mundo. Especialista em mitos e lendas. Apresentador de rádio e televisão.

É um estudioso esotérico que se especializou em todas as áreas do Sobrenatural. Embora resida atualmente na Europa, o trabalho de Zolrak o levou a todas as partes do mundo, onde realizou palestras, cursos e conferências.

Todos os que requisitam seus serviços especializados (entre eles, muitos artistas e celebridades do mundo inteiro) são unânimes em dizer que ele possui um enorme poder mágico, além de um vasto e profundo conhecimento esotérico. Por isso o chamam de Mago.

Bibliografia

Amadou, Robert. *La Parapsicología.* Ed. Paidos, 1976.
Bladle, George W., e Muriel Bladle. *Introducción a la nueva genética.* Edit. Universitaria de Buenos Aires, 1973.
Burns, Edward McNall. *Civilizaciones de Occidente.* Siglo Veinte, 1980.
Carr, Archie, et al. *La tierra y la fauna de Africa.* Ed. Offset Multicolor S.A. 1966 Ed. Life.
"Del Origen de la Vida al Fin del Mundo." In *Las Ciencias Prohibidas.* Ediciones Iberoamericanas. Quorum, 1987.
de Nerac, Gastón. *Mitologia.* S.E.L.A., 1961.
Diccionario Enciclopédico Salvat. Salvat Editores, 1967.
Drewal, Henry John, e John Pemberton III, com Rowland Abiodun. *Yoruba: Nine Centuries of African Art and Thought.* Organizado por Allen Wardwell, Nova York: The Center of African Art in Association com Harry N. Abrams Inc. Publishers, 1991.
Hall, Angus. *El mundo de lo oculto: Monstruos y bestias míticas.* Barcelona: Editorial Noguer S.A., 1976.
Iveline, M. *Nostradamus.* Ed. Orbe, 1973.
Leadbeater, C.W. *Los Chakras.* Editorial Kier S.A., 1990. [*Os Chakras*, publicado pela Editora Pensamento, 1960.]
Morente, Manuel García. *Lecciones preliminares de Filosofía.* Ed. Losada, 1978.
Pijoan, José. *Summa Artis, historia general del Arte.* Espasa Calpe S.A., 1953.
Three Initiates. *El Kybalion.* Editorial Kier, 1981.
Zucchi, Hernán. *Estudios de Filosofía antigua y moderna.* Universidad Nacional de Tucumán, Instituto de Filosofia, 1956.

JUNG e o TARÔ

Sallie Nichols

O Tarô é um dos grandes espelhos do pensamento inconsciente. Cada uma de suas cartas tem por base uma importante imagem arquetípica cujo significado nem sempre é claro para o homem moderno, que jogou fora seus mitos ao querer interpretá-los literalmente. Os arquétipos não são literais: são mensagens do inconsciente. Cada uma das cartas do Tarô é uma mensagem da mente universal. Mas como nossa mente inconsciente está divorciada do consciente — a mente literal — e costuma ser por ele ignorada, essa mensagem se perde. As explanações arquetípicas do Tarô, feitas por Sallie Nichols, fazem com que as imagens e, muitas vezes, as respostas às nossas perguntas mais profundas venham à tona.

Aluna de Jung no Instituto de Zurique, a autora é profunda conhecedora do pensamento junguiano. Usando suas teorias sobre individuação, arquétipo, sincronicidade e imaginação ativa, Sallie Nichols analisa cada carta do Tarô de Marselha como uma representação das diferentes etapas da jornada do indivíduo rumo à transformação e à integração de si mesmo.

Quem quer que sinta o mais remoto interesse pelo poder que a imagem tem para estimular a psique encontra em *Jung e o Tarô* um roteiro rumo ao reino onde a imagem, a psique e a alma descobrem sua origem e sua finalidade.

EDITORA CULTRIX